JESSER

Das Niedersächsische Kommunalrecht

Das Niedersächsische Kommunalrecht

Aufbaumuster und Prüfungsklausuren

Prof. Dr. Michael Jesser

BOORBERG

Bibliografische Information der Deutschen Nationalbibliothek |
Die Deutsche Nationalbibliothek verzeichnet diese Publikation in der Deutschen Nationalbibliografie; detaillierte bibliografische Daten sind im Internet über www.dnb.de abrufbar.

ISBN 978-3-415-07083-7

Titelfoto: © luismolinero – stock.adobe.com | Satz: abavo GmbH, Nebelhornstraße 8, 86807 Buchloe | Druck und Bindung: Laupp & Göbel GmbH, Robert-Bosch-Straße 42, 72810 Gomaringen

Richard Boorberg Verlag GmbH & Co KG | Scharrstraße 2 | 70563 Stuttgart
Stuttgart | München | Hannover | Berlin | Weimar | Dresden
www.boorberg.de

Vorwort

Mit dem vorliegendem Prüfungslehrbuch soll dem vielfältig geäußerten Wunsch von Studentinnen und Studenten sowohl der Kommunalen Hochschule für Verwaltung in Niedersachsen (HSVN) als auch des Niedersächsischen Studieninstituts e. V. (NSI) nachgekommen werden, eine Anhandgabe in der Form von Aufbaumustern wie auch Musterklausuren für das Kommunalrecht zu erhalten. So legt der Autor in seiner Eigenschaft als Fachkoordinator für Kommunalrecht an der HSVN und des NSI eine Zusammenstellung der wichtigsten Aufbaumuster im Kommunalrecht vor. Speziell dieses Studienfach zählt mit zu den prüfungsrelevantesten Bereichen in der kommunalen Ausbildung. Insofern wird den Teilnehmerinnen und Teilnehmern für eine erfolgreiche Prüfung empfohlen, sich speziell vertiefte Kenntnisse in diesem Rechtsgebiet zu erarbeiten. Allerdings führt selbst ein breit angelegtes Wissen über mögliche Rechtsgrundlagen nicht automatisch zu einer guten Prüfungsleistung, wenn z. B. der gewählte Aufbau nicht stimmig ist. Insofern wird den Studentinnen und Studenten bzw. Lehrgangsteilnehmerinnen und -teilnehmern eine Orientierung für einen gelungenen Prüfungsaufbau geboten.

Ebenso werden vertiefte Kenntnisse im vorliegenden Rechtsgebiet auch speziell von den Ausbildungsverwaltungen gefordert, um einen späteren Einsatz in der Praxis gewährleisten zu können. So wird die Anfertigung von Vorlagen für die Organe der Kommune auch in der Zukunft ein Hauptaufgabenfeld der Absolventinnen und Absolventen sein. Die Teilnehmerinnen und Teilnehmer sind daher auch für einen späteren Einsatz in der Praxis gut beraten, sich speziell mit den Problemstellungen dieses Rechtsgebiets auseinanderzusetzen.

Das vorliegende Praxislehrbuch bietet zunächst jeweils anhand der Curricula der Lehrgänge an der HSVN und des NSI einen Überblick über die prüfungsrelevanten Rechtsbereiche des Kommunalrechts. Sodann wird der Prüfungsaufbau erläutert und anhand von Musterklausuren ergänzt. Dadurch soll den Teilnehmerinnen und Teilnehmern ein wichtiges Instrument an die Hand gegeben werden, um eine qualifizierte Gliederung ihrer jeweils anzufertigenden Prüfungsleistung erstellen zu können. Dabei sind die Aufbaumuster nicht nur in einer typischen Klausursituation zu verwenden, sondern können auch in der Regel uneingeschränkt für Aktenvorträge und Referate verwendet werden.

Ich hoffe, sowohl den Studentinnen und Studenten der HSVN als auch den Teilnehmerinnen und Teilnehmern des NSI mit dem vorliegenden Prüfungslehrbuch speziell die Unsicherheit nehmen zu können, wie eine Prüfungsleistung aus dem Bereich des Kommunalrechts anzufertigen ist. Insofern verknüpfe ich die Erstellung des Werkes mit der Hoffnung, ihnen sowohl einen kleinen Baustein zur Unterstützung für einen erfolgreichen Studienabschluss an die Hand zu geben als auch für die spätere praktische Arbeit eine Erinnerungshilfe zu bieten. Zum Schluss noch einen besonderen Dank an meine großartigen Söhne David und Simon Jesser für die notwendigen Formatierungsarbeiten.

Braunschweig im Jahr 2021 — Der Autor

Inhaltsverzeichnis

A. Die Curricula an der HSVN und am NSI

Im ersten Trimester werden im Bachelorstudiengang „**Allgemeine Verwaltung**" im Modul „Staats- und Kommunalrecht I" – Teilmodul „Kommunalrecht I" folgende Qualifikationsziele angestrebt und folgende Inhalte aus dem Bereich des Kommunalrechts behandelt:

Qualifikationsziele:

Nach Abschluss des Teilmoduls können die Studierenden:

- die Bedeutung der kommunalen Selbstverwaltung generell und anhand verschiedener Einzelfälle erklären
- die Aufgaben der Kommunen im eigenen und übertragenen Wirkungskreis bestimmen und voneinander abgrenzen
- die Zusammensetzung und die Arbeitsabläufe innerhalb der Kommunalorgane und sonstigen Gremien der Kommune bestimmen
- die Rechtmäßigkeit kommunalen Handelns überprüfen
- die Problemfelder bei Aufgaben der Kommunen nicht nur rechtlich, sondern auch hinsichtlich aktueller gesellschaftlicher Herausforderungen (z. B. demografischer Wandel, sinkende Bereitschaft zur Wahrnehmung von Ehrenämtern) erfassen

Inhalte:

- Garantie der kommunalen Selbstverwaltung
- Kommunen und deren Aufgaben (eigener und übertragener Wirkungskreis)
- Organe der Kommunen, insbesondere Wahl, Aufgaben und Zusammensetzung
- Entscheidung kommunaler Organe und Überprüfung deren Rechtmäßigkeit

Die Inhalte sind im Rahmen der Präsenzlehre und des Selbststudiums zu bearbeiten, wobei die Teilnehmerin bzw. der Teilnehmer eigenverantwortlich sicherzustellen hat, dass sie bzw. er nach Abschluss der Veranstaltung über die notwendigen Kenntnisse verfügt. Die nachfolgenden Aufbaumuster sollen dabei als Hilfestellung dienen, sind jedoch nicht schematisch auf den Einzelfall anzuwenden.

Im vierten Trimester werden im Bachelorstudiengang **„Allgemeine Verwaltung"** im Modul „Staats- und Kommunalrecht II", Teilmodul „Kommunalrecht II" folgende Qualifikationsziele und Inhalte aus dem Bereich des Kommunalrechts vermittelt:

Qualifikationsziele:

Nach Abschluss des Moduls können die Studierenden

- die verschiedenen Aufsichtsmittel hinsichtlich deren Voraussetzungen und deren Anwendung voneinander unterscheiden
- die Rechte der Einwohnerinnen bzw. Einwohner und Bürgerinnen bzw. Bürger erfassen und voneinander abgrenzen
- Satzungen hinsichtlich ihrer Rechtmäßigkeit überprüfen

Inhalte:

- Zuständigkeit der Aufsichtsbehörden, Arten und Anwendung von Aufsichtsmitteln
- Einwohnerinnen bzw. Einwohner und Bürgerinnen bzw. Bürger (inklusive Einwohnerantrag, Bürgerbegehren, Bürgerentscheid)
- Satzungsrecht (insbesondere Rechtmäßigkeit von Satzungen)

Im sechsten Trimester werden im Bachelorstudiengang **„Allgemeine Verwaltung"** im Modul „Staats- und Kommunalrecht II", Teilmodul „Kommunalrecht II" folgende Qualifikationsziele und Inhalte aus dem Bereich des Kommunalrechts vermittelt:

Qualifikationsziele:

Nach Abschluss des Moduls können die Studierenden

- die verschiedenen Formen wirtschaftlicher Betätigung der Kommunen voneinander unterscheiden
- das Zusammenspiel der Organe und sonstigen Gremien der Kommune nicht nur auf rechtlicher Basis, sondern auch in den praktischen Abläufen verstehen

Inhalte:

- wirtschaftliche Betätigung von Kommunen
- praktische Betrachtung des Zusammenspiels der Organe und sonstigen Gremien der Kommune

Ergänzt wird die Vorlesung um eine Übung zum Kommunalrecht, die die Erarbeitung von Rechtsgutachten anhand öffentlich-rechtlicher Fälle mit den inhaltlichen Schwerpunkten der Veranstaltungen „Kommunalrecht II und III“ zum Inhalt hat.

Im Bachelorstudiengang „**Verwaltungsbetriebswirtschaft**“ werden im Trimester 1 im Modul „Staats- und Kommunalrecht I“, Teilmodul „Kommunalrecht I“ folgende Qualifikationsziele angestrebt und folgende Inhalte behandelt:

Qualifikationsziele:

Nach Abschluss des Teilmoduls können die Studierenden:

– die Bedeutung der kommunalen Selbstverwaltung generell und anhand verschiedener Einzelfälle erklären

– die Aufgaben der Kommunen im eigenen und übertragenen Wirkungskreis bestimmen und voneinander abgrenzen

– die Zusammensetzung und die Arbeitsabläufe innerhalb der Kommunalorgane und sonstigen Gremien der Kommune bestimmen

– die Rechtmäßigkeit kommunalen Handelns überprüfen

– die Problemfelder bei Aufgaben der Kommunen nicht nur rechtlich, sondern auch hinsichtlich aktueller gesellschaftlicher Herausforderungen (z. B. demografischer Wandel, sinkende Bereitschaft zur Wahrnehmung von Ehrenämtern) erfassen

Inhalte:

– Garantie der kommunalen Selbstverwaltung

– Kommunen und deren Aufgaben (eigener und übertragener Wirkungskreis)

– Organe der Kommunen, insbesondere Wahl, Aufgaben und Zusammensetzung

– Entscheidung kommunaler Organe und Überprüfung deren Rechtmäßigkeit

Im Studiengang „**Verwaltungsbetriebswirtschaft**“ wird im sechsten Trimester im Teilmodul „Kommunalrecht und Kommunalwissenschaften II“ auf folgende Qualifikationsziele abgestellt bzw. auf folgende Inhalte eingegangen:

Qualifikationsziele:

Nach Abschluss des Moduls können die Studierenden

- die verschiedenen Aufsichtsmittel hinsichtlich deren Voraussetzungen und deren Anwendung voneinander unterscheiden
- die Rechte der Einwohnerinnen bzw. Einwohner und Bürgerinnen bzw. Bürger erfassen und voneinander abgrenzen
- die verschiedenen Formen wirtschaftlicher Betätigung der Kommunen voneinander abgrenzen
- das Zusammenspiel der Organe und sonstigen Gremien der Kommune nicht nur auf rechtlicher Basis, sondern auch in den praktischen Abläufen verstehen
- Satzungen hinsichtlich ihrer Rechtmäßigkeit überprüfen

Inhalte:

- Zuständigkeit der Aufsichtsbehörden, Arten und Anwendung von Aufsichtsmitteln
- Einwohnerinnen, Einwohner, Bürgerinnen und Bürger (inklusive Einwohnerantrag, Bürgerbegehren, Bürgerentscheid)
- wirtschaftliche Betätigung von Kommunen
- praktische Betrachtung des Zusammenspiels der Organe und sonstigen Gremien der Kommune
- Satzungsrecht (insbesondere Rechtmäßigkeit von Satzungen)

Hinsichtlich der Curricula der Lehrgänge am Niedersächsischen Studieninstitut für kommunale Verwaltung e. V. wird aufgrund der Vielzahl der Angebote auf die zu Beginn des Kurses von den Lehrenden gehaltene Einleitung verwiesen. Für die im Kurs zu prüfenden Anspruchsgrundlagen können die vorliegenden Aufbaumuster verwendet werden, wobei jedoch die Eindringungstiefe zu beachten ist. Beispielhaft werden die Lehrpläne für folgende Kurse dargestellt:

Lehrplan für Dienstanfängerinnen / Dienstanfänger, Einführungskurs:

- Einführung: Kommunale Selbstverwaltung, Aufgaben der Gemeinde, Arten der Gemeinden, Gemeindeverbände, Gebiete der Gemeinden
- Einwohnerinnen und Einwohner sowie Bürgerinnen und Bürger, ehrenamtliche Tätigkeit, Mandatsträgerinnen und Mandatsträger
- innere Verfassung der Gemeinde: Rat, Verwaltungsausschuss, Bürgermeisterinnen und Bürgermeister
- Satzungen
- Aufsicht des Staates

Lehrplan für Verwaltungsfachangestellte:

- Einführung: Kommunale Selbstverwaltung, Aufgaben der Kommunen, Arten der Gemeinden und Gemeindeverbände, Gebiete der Kommune
- Einwohnerinnen, Einwohner und Bürgerinnen, Bürger, ehrenamtliche Tätigkeit
- Kommunalwahl, Mandatsträger
- innere Verfassung der Gemeinde: Vertretung, Hauptverwaltungsbeamtin, Hauptverwaltungsbeamter, Hauptausschuss
- Satzungen
- Aufsicht des Staates
- Vertiefung im Rahmen der Fallbearbeitung

Lehrplan für den Angestelltenlehrgang I:

- Einführung: Kommunale Selbstverwaltung, Aufgaben der Gemeinden und Gemeindeverbände, Arten der Gemeinden und Gemeindeverbände, Gebiet der Gemeinden und Gemeindeverbände)
- Einwohnerinnen, Einwohner, Bürgerinnen, Bürger, ehrenamtliche Tätigkeit
- Kommunalwahl, Mandatsträgerinnen und Mandatsträger
- innere Verfassung der Gemeinde, Organe (Vertretung, Hauptausschuss, Hauptverwaltungsbeamtin/Hauptverwaltungsbeamter)

- Satzungen
- Aufsicht des Staates
- Vertiefung im Rahmen der Fallbearbeitung

Lehrplan für den Angestelltenlehrgang II:

- eigener und übertragener Wirkungskreis
- Satzungen
- innere Verfassung der Gemeinden und Landkreise
- öffentliche Einrichtungen
- Aufsicht des Staates
- Rechtsschutz
- wirtschaftliche Betätigung und Führung öffentlicher Einrichtungen in Form des Privatrechts
- Vertiefung im Rahmen der Fallbearbeitung

B. Prüfungsleistung im Kommunalrecht

Sowohl im Institutsbereich des NSI als auch an der HSVN besteht die am häufigsten zu erbringende Prüfungsleistung im Kommunalrecht in der Anfertigung einer Klausur. In der Regel werden im Institutsbereich und an der HSVN die zu Prüfenden mit einer fiktiven Situation in der Vertretung konfrontiert, die sie anschließend im Rahmen der Anfertigung eines Rechtsgutachtens in rechtlicher Hinsicht zu würdigen haben. Lediglich in einem geringen Umfang wird sich im Anschluss die Beantwortung freier Fragen zu Themenstellungen aus dem NKomVG anschließen.

Neben der Anfertigung einer Klausur kommen – speziell im Institutsbereich des NSI – als weitere Prüfungsleistung der praktische Fall (siehe z. B. die Prüfungsordnung der Verwaltungsfachangestellten) und im Lehrgangsbetrieb das Referat in Betracht.

I. Die kommunalrechtliche Klausur

In der kommunalrechtlichen Klausur wird der Prüfling vornehmlich mit einem Aktenauszug konfrontiert, der aus einem Sitzungsprotokoll und anderen Anlagen wie der Hauptsatzung oder der Geschäftsordnung der Vertretung besteht. Nun gilt es für den Prüfling die Sitzung der Vertretung und gemäß der Aufgabenstellung einzelne Tagesordnungspunkte auf ihre Rechtmäßigkeit zu prüfen. Dabei zeichnen sich je nach Lehrgang vornehmlich drei Klausurtypen ab.

Beim ersten Klausurtypus besteht die Aufgabenstellung darin, die formelle und materielle Rechtmäßigkeit eines Tagesordnungspunktes zu überprüfen. Insofern hat der Prüfling ein Rechtsgutachten zu erstellen, wobei lediglich ein Tagesordnungspunkt zunächst in formeller Hinsicht und daran anschließend in materieller Hinsicht zu überprüfen ist. Besteht die Fallfrage darin, dass mehr als ein Tagesordnungspunkt zu überprüfen ist, so wird dem Prüfling dringend empfohlen, keine parallele Prüfung der Tagesordnungspunkte vorzunehmen. Vielmehr sollte er – nicht zuletzt aus Gründen der Übersichtlichkeit – quasi mehrere Rechtsgutachten nacheinander abfassen. So ist zu jedem einzelnen Tagesordnungspunkt ein eigenes Rechtsgutachten zu erstellen. Erst am Ende der Klausur wird ein Gesamtergebnis abgefasst.

Beim zweiten Klausurtypus soll der Prüfling eine Handlungsempfehlung für die Hauptverwaltungsbeamtin bzw. den Hauptverwaltungsbeamten abgeben. Hier wird die Klausur in den Prüfungsaufbau des § 88 I NKomVG eingekleidet, wobei letztendlich die Prüfung des einzelnen Tagesordnungspunktes bzw. der Tagesordnungspunkte inzidenter zu erfolgen hat. Ferner ist die Prüfung insofern umfangreicher, da sie am Ende noch Aussagen zur zu ergreifenden Rechtsfolge inklusive der notwendigen Ermessensabwägung beinhaltet.

Der dritte Klausurtypus befasst sich mit der Situation der Kommunalaufsicht. Hier wird der Prüfling vor die Situation gestellt, dass sie bzw. er als Beschäftigte bzw. als Beschäftigter der Aufsicht eine Sitzungsniederschrift einer Sitzung der Vertretung einer Kommune vorgelegt bekommt, die sie bzw. er letztendlich in rechtlicher Hinsicht bewerten muss. Hier ist als Einstieg in die Klausur das Aufbaumuster für eine Beanstandung nach § 173 NKomVG zu wählen. Aber auch hier wird inzidenter die Rechtmäßigkeit der einzelnen Tagesordnungspunkte geprüft. Wie beim Klausurtypus zwei endet die Klausur mit der Darstellung der Rechtsfolge inklusive der vorzunehmenden Verhältnismäßigkeitsprüfung.

II. Der praktische Fall und das Referat

Speziell bei den Verwaltungsfachangestellten wird als Prüfungsleistung ein praktischer Fall durchgespielt, in dem der Prüfling in die Rolle eines kommunalen Bediensteten schlüpft, die bzw. der entweder eine Beratung gegenüber einer Bürgerin bzw. einem Bürger oder einer anderen bzw. einem anderen kommunalen Bediensteten durchzuführen hat. Der Prüfling erhält zunächst einen Aktenauszug und kann sich auf das durchzuführende Rechtsgespräch entsprechend vorbereiten. Ebenso wie bei der Klausur sollte er auch hier den Aufbau der Prüfung der formellen Rechtmäßigkeit vor Augen haben, um dem Gespräch eine entsprechende Stringenz geben zu können.

Hinsichtlich der Ableistung von Referaten als Lehrgangsleistung ist auf die jeweilige Fragestellung abzustellen. Prüfungen der formellen und materiellen Rechtmäßigkeit von Entscheidungen der Vertretung werden entsprechend dem Klausuraufbau dargestellt. Für Referate zu allgemeinen kommunalen Fragestellungen kann auf die allgemeinen Lehren der Rechtsanwendung Bezug genommen werden, da das Kommunalrecht insofern keine Besonderheiten zum übrigen Verwaltungsrecht vorhält.

C. Die Prüfung der formellen Rechtmäßigkeit von Entscheidungen der Vertretung

Im Folgenden wird zunächst – wie beim Klausurtypus eins – die Prüfung der formellen Rechtmäßigkeit dargestellt. Die Darstellung beginnt mit dem Einleitungssatz, dass gemäß der Aufgabenstellung der Tagesordnungspunkt xy bzw. die Tagesordnungspunkte xy und yz der Vertretung der Kommune in ihrer Sitzung vom xx.xx.xxxx in formeller und materieller Hinsicht zu überprüfen ist bzw. sind. Es folgt der Hinweis, dass mit der Darstellung der formellen Rechtmäßigkeit des ersten zu prüfenden Tagesordnungspunktes begonnen wird.

I. Verbandszuständigkeit

Bei der Verbandszuständigkeit hat der Prüfling festzustellen, ob die Kommune, deren Vertretung den Tagesordnungspunkt in ihrer Sitzung beschlossen hat, überhaupt in sachlicher und örtlicher Hinsicht zuständig ist. Da dieser Prüfungspunkt in der Regel unproblematisch ist, sollte die Prüfung in der Darstellung nicht zu umfangreich erfolgen. Gemäß dem Grundsatz, dass im Rahmen der Aufgabenbearbeitung lange Ausführungen über Unstreitiges zu unterbleiben haben bzw. lediglich die Tatbestandsmerkmale in aller Kürze als gegeben vorliegen, sollte nur eine kurze Feststellung im Urteilsstil erfolgen. Vielmehr sollte der Prüfling sein Hauptaugenmerk auf die Bearbeitung und Darstellung der strittigen Tatbestandsmerkmale bei den übrigen im Rahmen der formellen Rechtmäßigkeitstatbestandsmerkmale lenken.

Die Ausführungen zur Verbandszuständigkeit beginnen mit der Feststellung, dass sich die Verbandszuständigkeit aus der sachlichen und örtlichen Zuständigkeit zusammensetzt.

1. Sachliche Zuständigkeit

Sodann schließen sich die Ausführungen zur Festlegung der sachlichen Zuständigkeit der Kommune an.

Aufgrund spezialgesetzlicher Regelungen kann im Ausnahmefall die Wahrnehmung von öffentlichen Aufgaben, die zwar im Gemeindegebiet erfüllt werden sollen, nicht der Gemeinde zufallen z. B. aufgrund eines Spezialgesetzes wie z. B. im Rahmen der Abfallbeseitigung gem. § 6 I 1 NAbfG oder die Trägerschaft für weiterführenden Schulen gem. § 102 II NSchG. Derartige Ausnahmevorschriften sind allerdings in der Kommunalrechtsklausur nicht prüfungsrelevant.

Spezielle Zuständigkeitsregeln für die Kommune können sich ferner direkt aus den Vorschriften des NKomVG ergeben, so z. B. für folgende Aufgaben des eigenen Wirkungskreises wie z. B. die Bestellung einer Gleichstellungsbeauftragten § 8 NKomVG, der Erlass der Hauptsatzung § 12 NKomVG, die Verleihung des Ehrenbürgerrechts § 29 NKomVG, die Übernahme von Bürgschaften § 121 NKomVG, der Erwerb von Vermögen § 124 NKomVG und die Veräußerung von Vermögen § 125 NKomVG.

Liegen diese spezialgesetzlichen Zuweisungsnormen aus dem NKomVG nicht vor, so kann der Prüfling in der Regel von der Allzuständigkeit der Kommune, die sich aus Art. 28 II GG i. V. m. Art. 57 I NV herleiten lässt, ausgehen. Nach dieser kann die Kommune ohne besondere gesetzliche Ermächtigung alle Aufgaben an sich ziehen, die nicht durch Spezialgesetz anderen Trägern öffentlicher Verwaltung zugewiesen sind. Es muss sich lediglich um öffentliche Aufgaben handeln, die innerhalb des Gemeindegebiets durchzuführen und die nicht gesetzlich einem anderen Träger zugeordnet sind.

Ergänzt wird die Feststellung der Zuständigkeit im Rahmen der Allzuständigkeit der Kommune um die Überlegung, dass in den Klausurstellungen in der Regel Aufgaben des eigenen Wirkungskreises behandelt werden. In der Vielzahl der Klausuren handelt es sich um Angelegenheiten der örtlichen Gemeinschaft wie sie § 5 I 1 NKomVG vorsieht, sodass die sachliche Zuständigkeit mit Hilfe der Wurzeltheorie des Bundesverfassungsgerichts begründet werden kann, sofern die Aufgabe in der Kommune wurzelt und sie auf diese einen spezifischen Bezug hat. Im Ergebnis bietet sich damit z. B. für die Errichtung eines Jugendgästehauses in der Stadt Braunschweig die folgende Formulierung an:

Die Stadt Braunschweig ist im Rahmen der Allzuständigkeit für die Beschlussfassung über die Errichtung eines Jugendgästehauses auf dem Gebiet der Stadt Braunschweig zuständig, zumal es sich um eine Angelegenheit des eigenen Wirkungskreises handelt, da der Bau eines Gebäudes im Gebiet der Stadt Braunschweig als Angelegenheit der örtlichen Gemeinschaft in der Gemeinde wurzelt und auf diese einen spezifischen Bezug hat gem. §§ 1, 2 II HS 2, 4, 5 I 1 NKomVG.

Aufgaben des übertragenen Wirkungskreises werden in der Klausur auch deshalb bereits nicht anzunehmen sein, da der Prüfling ansonsten erst in einem Spezialgesetz die entsprechende Normierung auffinden müsste.

Daneben kann sich die sachliche Zuständigkeit ergänzend aus den Körperschaftsrechten ergeben, die der Kommune aufgrund des § 2 II HS 1 NKomVG zustehen. Hierbei handelt es sich um folgende Körperschaftsrechte:

- Organisationshoheit (z. B. bei der Schaffung von Referaten und Fachbereichen)
- Bauplanungshoheit (z. B. bei der Aufstellung von Bauleitplänen)
- Personalhoheit (z. B. bei der Einstellung eines Beschäftigten)
- Autonomie/Rechtsetzungshoheit (z. B. beim Erlass einer Satzung)
- Gebietshoheit (z. B. im Rahmen der Ausübung von Hoheitsrechten)
- Finanzhoheit (z. B. bei der Beauftragung eines Vertragspartners)

> Für die Körperschaftsrecht bietet sich folgende Eselsbrücke an (siehe Anfangsbuchstaben): Opa bittet Paul auch den Gehsteig zu fegen.

Beim o. g. Beispielsfalle, der Errichtung eines Jugendgästehauses von der Stadt Braunschweig, wird folglich noch folgender Satz hinzugefügt:

Ferner ist das Körperschaftsrecht der Finanzhoheit gem. § 2 II 1 NKomVG berührt.

2. Örtliche Zuständigkeit

Die örtliche Zuständigkeit der Kommune ergibt sich aus § 3 I Nr. 1–4 VwVfG i. V. m. § 1 I Nds. VwVfG. Teilweise wird in der Literatur auch eine Begründung der örtlichen Zuständigkeit aus der Allzuständigkeit des § 2 II HS 2 NKomVG hergeleitet. Diese Ansicht überzeugt jedoch nicht, da es sich beim Kommunalrecht um Verwaltungsrecht handelt und daher die allgemeinen Regularien anzuwenden sind.

In Bezug auf das Beispiel mit der Stadt Braunschweig kann folglich wie folgt formuliert werden:

Die Stadt Braunschweig ist für die Errichtung des Jugendgästehauses auch örtlich zuständig, weil dieses auf einem Grundstück innerhalb der Stadt Braunschweig gebaut werden soll gem. § 3 I 1 VwVfG i. V. m. § 1 I Nds. VwVfG.

Der Prüfungspunkt endet mit der Feststellung, dass die Verbandszuständigkeit der Kommune folglich vorliegt.

II. Organzuständigkeit

Steht fest, welcher Kommune die Verbandszuständigkeit zukommt, bedarf es der Festlegung des zuständigen Organs innerhalb der entsprechenden Kommune. Die hierzu notwendigen Ausführungen beginnen mit der Feststellung, über welche Organe die Kommune verfügt. Nach § 7 I NKomVG sind Organe der Kommune die Vertretung, der Hauptausschuss und die Hauptverwaltungsbeamtin bzw. der Hauptverwaltungsbeamte. Da die konkrete Bezeichnung des jeweiligen Organs von der Gemeindeart abhängig ist, ist diese sodann nach § 14 NKomVG festzustellen. Steht die Gemeindeart fest, kann anschließend die konkrete Bezeichnung des Organs dem § 7 II NKomVG entnommen werden.

Beispiel:

Die Vertretung der Stadt Braunschweig hat über den Neubau eines Jugendgästehauses entschieden.

Die Organe der Kommune heißen nach § 7 I NKomVG Vertretung, Hauptausschuss und Hauptverwaltungsbeamtin bzw. Hauptverwaltungsbeamter. Nach § 14 VI NKomVG handelt es sich bei der Stadt Braunschweig um eine kreisfreie Stadt. Folglich heißen die Organe nach § 7 II 2 NKomVG Rat, Verwaltungsausschuss und Oberbürgermeisterin bzw. Oberbürgermeister.

Stehen die konkreten Bezeichnungen der Organe fest, so sind diese und nicht die Oberbegriffe in der folgenden Klausurlösung zu verwenden.

Nunmehr gilt es das konkrete Organ festzulegen, dem die Beschlussfassung über den Tagesordnungspunkt obliegt. Dabei sind zunächst spezialgesetzliche Zuweisungsnormen außerhalb und innerhalb des NKomVG zu beachten.

Zuständigkeiten aus Spezialgesetzen sind z. B. § 38 I NJagdG (Kreisjägermeister in kreisfreien Städten), § 13 II 2 NBrandSchG (Gemeindebrandmeister) und § 9 II NKWG (Berufung eines anderen Gemeindewahlleiters).

Zuständigkeiten aus Spezialregelungen aus dem NKomVG sind z. B.

- die Berufung bzw. Abberufung einer Gleichstellungsbeauftragten § 8 II 1 NKomVG
- die Wahl der oder des Vorsitzenden der Vertretung § 61 NKomVG
- die Wahl der ehrenamtlichen Vertreterinnen bzw. Vertreter der Hauptverwaltungsbeamtin bzw. des Hauptverwaltungsbeamten § 81 II 1 NKomVG
- die Beauftragung einer Beamtin bzw. eines Beamten mit der allgemeinen Vertretung der Hauptverwaltungsbeamtin bzw. des Hauptverwaltungsbeamten § 81 III 2 NKomVG

- die Wahl der weiteren Beamtinnen und Beamten auf Zeit § 109 I NKomVG
- die Berufung und Abberufung der Leiterin bzw. des Leiters des Rechnungsprüfungsamtes § 154 II NKomVG.

Liegt eine spezialgesetzliche Zuweisungsnorm vor, so ist die Prüfung der Organzuständigkeit mit dieser entsprechenden Feststellung beendet. Lediglich dann, wenn – wie es der Regelfall sein dürfte – eine spezialgesetzliche Regelung nicht vorliegt, werden die Organe nacheinander abgeprüft. Die Prüfung beginnt dabei mit der Vertretung und dem Zuständigkeitskatalog des § 58 I NKomVG.

Besondere Bedeutung kommt hierbei § 58 I 14 NKomVG zu. So ist die Vertretung für Verfügungen über Gemeindevermögen zuständig, die sich über der Grenze, die in der Hauptsatzung der Kommune normiert ist, bewegt. Um eine Verfügung handelt es sich immer dann, wenn damit eine Minderung des Gemeindevermögens verbunden ist. Zu beachten ist dabei, dass keine Verfügung über Gemeindevermögen vorliegt, wenn bereits Mittel im Haushalt veranschlagt sind. In diesem Fall hat die Vertretung nämlich bereits mit Erlass der Haushaltssatzung nach § 58 I 8 NKomVG über die Verfügung beschlossen, sodass es ansonsten zu einer zweifachen Beschlussfassung der Vertretung käme.

Beispiel:

Die Stadt Braunschweig beschließt den Bau eines Jugendgästehauses und hatte dafür bereits 5 Mio. in den Haushalt eingestellt.

In diesem Fall liegt keine Verfügung im Sinne des § 58 I 14 NKomVG mehr vor, der Rat wäre für die Beschlussfassung nicht mehr zuständig. Es bedarf hier keinerlei Ausführung mehr darüber, ob die in der Hauptsatzung festgelegte Wertgrenze überschritten ist.

Beispiel:

Die Stadt Braunschweig beschließt den Erwerb einer EDV-Software für 150.000,- Euro, für die im Haushalt bisher kein Ansatz vorhanden ist.

Nun liegt mangels vorherigem Haushaltsansatz eine Verfügung im Sinne des § 58 I 14 NKomVG vor, sodass die Zuständigkeit der Vertretung gegeben ist, sofern die in der Hauptsatzung festgelegte Wertgrenze überschritten ist. Ist die Wertgrenze überschritten, so ist die Vertretung für die Beschlussfassung zuständig. Ist die Wertgrenze hingegen nicht überschritten, ist der Rat nicht für die Beschlussfassung nach § 58 I 14 NKomVG zuständig.

Lediglich dann, wenn keine Zuständigkeit der Vertretung nach § 58 I NKomVG festgelegt werden kann, ist hinsichtlich der Zuständigkeit der

Vertretung § 58 II NKomVG zu prüfen. Bevor in die Prüfung der in der nummerischen Aufzählung beschriebenen Konstellationen eingetreten wird, ist jedoch zu beachten, dass § 58 II NKomVG nur dann in Betracht zu ziehen ist, wenn es sich bei der Vertretung um einen Rat handelt.

Kann die Zuständigkeit der Vertretung nicht anhand von § 58 I und II NKomVG festgelegt werden, so ist nun zwingend die Zuständigkeit der Hauptverwaltungsbeamtin bzw. des Hauptverwaltungsbeamten nach § 85 NKomVG zu prüfen.

Neben den Zuständigkeitsregelungen in § 85 I 1–6 NKomVG ist die prüfungsrelevanteste Regelung in § 85 I 7 NKomVG zu finden. Hiernach ist die Hauptverwaltungsbeamtin bzw. der Hauptverwaltungsbeamte für Geschäfte der laufenden Verwaltung zuständig. Dabei handelt es sich um einen unbestimmten Rechtsbegriff, der voll justiziabel ist. Geschäfte der laufenden Verwaltung sind solche, die regelmäßig wiederkehren, d. h. keine Grundsatzentscheidungen beinhalten, nach feststehenden Grundsätzen ausgeführt werden und die nach Größe, Umfang und Finanzkraft der Kommune nicht von herausragender Bedeutung sind (vgl. Thiele, Niedersächsisches Kommunalverfassungsgesetz, § 85 Rn. 13 m. w. N.; BGH, Urteil vom 27. 10. 2008, NJW 2009, 289). Dabei kann die Kommune bei finanzwirksamen Geschäften Wertgrenzen festsetzen.

Beispiele für Geschäfte der laufenden Verwaltung:

Erlass von Verwaltungsakten, Vermietung von Räumen des Jugendzentrums, Abschluss von Verträgen wie z. B. über die Beschaffung von Verbrauchsmaterialien.

Nicht als Geschäft der laufenden Verwaltung wäre hingegen z. B. die Einführung einer weiteren Abfalltonne für Elektroschrott oder der Erwerb einer großen Ackerfläche für ein neues Baugebiet anzusehen.

Liegt kein Geschäft der laufenden Verwaltung vor, so ist nun auf die Lückenkompetenz des Hauptausschusses gem. § 76 II 1 NKomVG abzustellen. So ist der Hauptausschuss dann für die Entscheidung zuständig, wenn weder eine Zuständigkeit der Vertretung nach § 58 I oder II NKomVG und keine Zuständigkeit der Hauptverwaltungsbeamtin bzw. des Hauptverwaltungsbeamten gegeben ist. Gerade diese Zuständigkeitslücke zwischen der Vertretung und der Hauptverwaltungsbeamtin bzw. dem Hauptverwaltungsbeamten soll der Hauptausschuss schließen.

Bevor die endgültige Festlegung der Zuständigkeit des Hauptausschusses erfolgt, ist vorab noch die Möglichkeit des Vorbehalts- und Vorlagebeschlusses gem. § 58 III NKomVG zu prüfen.

So beschließt die Vertretung gem. § 58 III 1 und 2 NKomVG über die Angelegenheiten, für die sie sich die Beschlussfassung entweder im Einzelfall gem. § 58 III 1 NKomVG per vorherigem Beschluss oder aufgrund von Regelungen in der Hauptsatzung für bestimmte Gruppen solcher Angelegenheiten vorbehalten hat.

Beispiel:

In der Hauptsatzung der Stadt Braunschweig befindet sich ein Passus, nach dem sich die Vertretung für sämtliche Grundstücksankäufe in der Straße „Hohlweg" die Zuständigkeit vorbehält.

Die Vertretung der Stadt Braunschweig beschließt, sich die Beschlussfassung über den späteren Verkauf eines bestimmten Grundstücks vorzubehalten. Selbst wenn in diesem Fall nach der durchzuführenden Zuständigkeitsprüfung die Hauptverwaltungsbeamtin bzw. der Hauptverwaltungsbeamte als Geschäft der laufenden Verwaltung oder der Hauptausschuss im Rahmen seiner Lückenkompetenz zuständig wäre, obliegt die Beschlussfassung aufgrund des zuvor gefassten Vorbehaltsbeschlusses der Vertretung.

Während die Vertretung bei den Vorbehaltsbeschlüssen die Zuständigkeit an sich zieht, kann ihr auch gem. § 58 III 3 NKomVG die Zuständigkeit aufgrund eines Vorlagebeschlusses durch den Hauptausschuss oder einem beschließenden Ausschuss zugewiesen werden.

Beispiel:

Obwohl die Beschlussfassung dem Verwaltungsausschuss der Stadt Braunschweig obliegt, der allerdings gem. § 78 II 1 NKomVG nicht öffentlich tagt, erhoffen sich die Mitglieder des Verwaltungsausschusses eine größere Akzeptanz über die Sachentscheidung, wenn diese in einer öffentlichen Ratssitzung herbeigeführt wird. Insofern beschließt der Verwaltungsausschuss in seiner Sitzung, die Beschlussfassung per Vorlagebeschluss dem Rat vorzulegen, der nun aufgrund des gefassten Vorlagebeschlusses des Verwaltungsausschusses zuständig wird.

Die Prüfung der Organzuständigkeit endet jeweils mit der Festlegung des Organs, das für die Beschlussfassung über den zu prüfenden Tagesordnungspunkt zuständig ist.

Für die Prüfung der Organzuständigkeit ergibt sich damit folgendes Prüfungsmuster:

- Festlegung der Organbezeichnung gem. §§ 7 I, 14 I–VI, 7 II 1–5 NKomVG
- Spezialgesetzliche Zuweisungsnormen außerhalb oder innerhalb des NKomVG
- Zuständigkeitskatalog für die Vertretung nach § 58 I NKomVG

- Zuständigkeitskatalog für den Rat nach § 58 II NKomVG
- Zuständigkeitskatalog für die Hauptverwaltungsbeamtin bzw. den Hauptverwaltungsbeamten gem. § 85 NKomVG
- Lückenkompetenz des Hauptausschusses § 76 II 1 NKomVG
- Vorbehalts- oder Vorlagebeschlüsse nach § 58 III NKomVG

III. Beschlussfähigkeit

Um einen rechtmäßigen Beschluss über ein Sachthema fassen zu können, ist es notwendig, dass die Beschlussfassung durch die Mitglieder der Vertretung in einer gemeinsamen Sitzung erfolgt, da es sich bei der Vertretung um ein Kollegialorgan handelt. Selbst eine Beschlussfassung aller Mitglieder im Umlaufverfahren ist nicht möglich.

Die Vertretung ist nach § 65 I 1 NKomVG beschlussfähig, wenn nach ordnungsgemäßer Einberufung die Mehrheit seiner Mitglieder anwesend ist (Alt. 1) oder alle anwesend sind und kein Mitglied die Verletzung von Verfahrensvorschriften rügt (Alt. 2). Insofern sieht das Gesetz für die Beschlussfähigkeit der Vertretung zwei Alternativen vor, die jeweils zwei Voraussetzungen beinhalten. Die Prüfung beginnt stets mit der Alternative 1.

Nach § 65 I 1 Alt. 1 NKomVG muss zunächst eine ordnungsgemäße Einberufung nach § 59 NKomVG vorliegen. Eine ordnungsgemäße Einberufung nach § 59 I 1 NKomVG setzt zunächst voraus, dass die Hauptverwaltungsbeamtin bzw. der Hauptverwaltungsbeamte alle Ratsmitglieder schriftlich oder durch elektronisches Dokument unter Mitteilung der Tagesordnung einlädt.

Zuständig für die Einladung ist folglich die Hauptverwaltungsbeamtin bzw. der Hauptverwaltungsbeamte. Im Falle einer Verhinderung wird sie bzw. er durch die bzw. den Ratsvorsitzenden gem. § 59 III 3 NKomVG vertreten.

Die Hauptverwaltungsbeamtin bzw. der Hauptverwaltungsbeamte muss alle übrigen Ratsmitglieder einladen, selbst wenn der Verwaltung bekannt ist, dass ein Ratsmitglied z. B. aufgrund Urlaubs nicht an der Sitzung teilnehmen kann. Wird die Einladung von der bzw. dem Ratsvorsitzenden ausgesprochen, so ist auch die Hauptverwaltungsbeamtin bzw. der Hauptverwaltungsbeamte einzuladen.

Die Einladung muss schriftlich oder in elektronischer Form ergehen, weitere formelle Anforderungen wie eine Originalunterschrift sind nicht erforderlich.

Der Einladung muss die Mitteilung der Tagesordnung angefügt sein. Eine Tagesordnung ist die Zusammenstellung aller Punkte, über die in der Sitzung beraten oder entschieden werden soll. Sofern die Tagesordnung im Vertretungsfall von der bzw. dem Ratsvorsitzenden gem. § 59 III 3 NKomVG aufgestellt wird, so ist über die Tagesordnung ein Benehmen mit der allgemeinen Stellvertreterin bzw. dem Stellvertreter gem. § 59 III 4 NKomVG herzustellen. Ein Benehmen erfordert kein Einvernehmen. Der Einladung müssen mangels gesetzlichen Erfordernisses keine schriftlichen Beratungsunterlagen beigefügt werden.

Sind die Voraussetzungen unproblematisch als gegeben anzusehen, sollte der Prüfling dies im Urteilsstil kurz feststellen. Vorliegend hat der Bürgermeister Junker alle Ratsmitglieder mit Schreiben vom 12. 04. 2021 unter Beifügung der Tagesordnung schriftlich eingeladen. Die Voraussetzungen des § 59 I 1 NKomVG liegen folglich vor.

Ist die Einladung hingegen nicht von der Hauptverwaltungsbeamtin bzw. dem Hauptverwaltungsbeamten versandt worden, so bietet sich folgende Formulierung an, sofern die weiteren Tatbestandsmerkmale unproblematisch sind:

Zunächst müsste die Hauptverwaltungsbeamtin bzw. der Hauptverwaltungsbeamte alle Abgeordneten unter Mitteilung der Tagesordnung nach § 59 I 1 NKomVG schriftlich eingeladen haben. Vorliegend wurden alle Ratsmitglieder unter Mitteilung der Tagesordnung mit Schreiben vom 12. 04. 2021 schriftlich eingeladen. Dieses ist jedoch nicht von der Hauptverwaltungsbeamtin bzw. dem Hauptverwaltungsbeamten erfolgt, sondern durch den Ratsvorsitzenden Bossdorf. Da der Ratsvorsitzende die Hauptverwaltungsbeamtin bzw. den Hauptverwaltungsbeamten nach § 59 III 3 NKomVG bei der Einberufung der Vertretung vertritt, ist die Versendung der Einladung durch Bossdorf als Ratsvorsitzenden rechtmäßig, zumal auch der Bürgermeister Junker eine Einladung erhalten hat. Folglich sind die Tatbestandsmerkmale des § 59 I 1 NKomVG erfüllt.

Liegen die vier Voraussetzungen nach § 59 I 1 NKomVG vor, so ist ferner die Einhaltung einer ordnungsgemäßen Ladungsfrist gem. § 59 I 2 NKomVG i. V. m. der Geschäftsordnung der Vertretung zu prüfen. Während sich die Ladungsfrist von einer Woche zur Zeit der NGO und NLO noch aus dem Gesetz entnehmen ließ, sieht das NKomVG keine konkrete Ladungsfrist vor. Hierüber muss die Geschäftsordnung der Vertretung eine Regelung enthalten. Im Regelfall wird an der früher gesetzlich vorgesehenen Ladungsfrist von einer Woche festgehalten. Sodann bedarf es einer Fristberechnung, zu der die Regelungen der §§ 186 ff. BGB in analoger Anwendung heranzuziehen sind.

Wird die Einladung per Brief versandt, so findet entgegen der allgemeinen Vorschriften im Verwaltungsrecht die 3-Tages-Fiktion keine Anwendung, da die Einladung nicht bundesweit, sondern lediglich kommunal versandt wird. Insofern gilt die Einladung am Tag nach der Aufgabe zur Post gem. § 130 I 1 BGB analog als zugegangen. Da es sich bei der Zusendung eines Schriftstückes um eine Ereignisfrist handelt, gilt gem. § 187 I BGB analog der Fristbeginn am nächsten Tag. Gem. § 188 II BGB analog endet die Frist – bei Unterstellung einer Wochenfrist – mit Ablauf des Tages der nächsten Woche, der dem Ereignistag entspricht. Die Frist ist demnach gewahrt, wenn die Sitzung ab dem nächsten Tag stattfindet.

Im Folgenden werden in den drei Beispielen die klausurrelevanten Fristenprobleme behandelt.

Beispiel 1:

Die Einladung wird am 01.07. an alle Ratsmitglieder versandt. Es gilt eine Ladungsfrist nach der Geschäftsordnung von einer Woche, die Ratssitzung soll am 09.07. stattfinden.

Es gilt folgende Fristberechnung:

- Versand der Einladung am 01.07.
- Zugang (= Ereignistag) gem. § 130 I 1 BGB analog am 02.07.
- Fristbeginn gem. § 187 I BGB analog am 03.07.
- Fristablauf gem. § 188 II BGB analog mit Ablauf des 09.07., daher ist die Ladungsfrist nicht gewahrt.

Beispiel 2:

Die Einladung wird am Samstag, den 01.07., per Boten überbracht, die Ladungsfrist beträgt laut Geschäftsordnung eine Woche, die Ratssitzung soll am 09.07. stattfinden.

Es gilt folgende Fristberechnung:

- Zugang (= Ereignistag) gem. § 130 I 1 BGB analog am Samstag, den 01.07., da an diesem Tag per Boten ausgeliefert
- Fristbeginn gem. § 187 I BGB analog am Sonntag, den 02.07.
- Fristende gem. § 188 II BGB analog mit Ablauf des Samstages am 08.07., Ladungsfrist gewahrt
- § 193 BGB findet keine analoge Anwendung, da keine Leistung an einen Dritten zu bewirken ist, insofern verschiebt sich das Fristende nicht auf den nächsten Werktag.

Beispiel 3:

Einladung am 01.07. zur Post, Tagesordnung wird per Post am 03.07. nachgesandt, Ladungsfrist laut Geschäftsordnung eine Woche, Ratssitzung am 09.07.

Es gilt folgende Fristberechnung:

- Versandt der Einladung zwar am 01.07., jedoch wurde die Tagesordnung erst am 03.07. versandt, somit ist der 03.07. für die Fristberechnung maßgebend
- Zugang (= Ereignistag) gem. § 130 I 1 BGB analog am 04.07.
- Fristbeginn gem. § 187 I BGB analog am 05.07.
- Fristende gem. § 188 II BGB analog mit Ablauf des 11.07., Ladungsfrist nicht gewahrt

Sind die Voraussetzungen des § 59 I 1 NKomVG gegeben und ist die Ladungsfrist nach § 59 I 2 NKomVG i. V. m. der Geschäftsordnung gewahrt, so liegt eine ordnungsgemäße Einladung gem. § 59 I NKomVG vor. Damit ist die Vertretung jedoch noch nicht beschlussfähig, da § 65 I 1 Alt. 1 NKomVG noch das Vorliegen einer weiteren Voraussetzung erfordert.

Als zweite Voraussetzung für eine Beschlussfähigkeit nach § 65 I 1 Alt. 1 NKomVG bedarf es noch der Anwesenheit der Mehrheit der Mitglieder der Vertretung. Um das Vorliegen der Mehrheit als gegeben anzusehen, bedarf es zunächst der Feststellung der Größe der Vertretung.

Die Anzahl der Abgeordneten der Vertretung richtet sich nach § 46 NKomVG. Bei Gemeinden, Samtgemeinden und Landkreisen ist ausgehend von der Anzahl der Einwohnerinnen und Einwohner gem. § 46 I bzw. II NKomVG die Anzahl der Abgeordneten zu bestimmen. Die Zahl der Regionsabgeordneten beträgt gem. § 46 III NKomVG 84 Abgeordnete. Nach den Sonderregeln der § 46 IV und V NKomVG kann es zu einer Divergenz bei der Anzahl nach § 46 I–III NKomVG kommen.

Die Abgeordneten heißen in Gemeinden und Samtgemeinden gem. § 45 I 3 NKomVG Ratsfrauen und Ratsherren, in den Landkreisen Kreistagsabgeordnete bzw. Kreistagsabgeordneter und in der Region Hannover Regionsabgeordnete bzw. Regionsabgeordneter.

Da ein Mitglied der Vertretung gem. § 45 I 2 NKomVG per Gesetz die Hauptverwaltungsbeamtin bzw. der Hauptverwaltungsbeamte ist, ergibt sich folglich immer eine ungerade Anzahl der Mitglieder der Vertretung.

Um beschlussfähig zu sein, muss die Mehrheit der Mitglieder der Vertretung anwesend sein.

Beispiel:

Die kreisfreie Stadt Braunschweig hat 244.000 Einwohnerinnen und Einwohner.

Nach § 46 I NKomVG gehören dem Rat folglich 54 Abgeordnete an, die nach § 45 I 3 NKomVG Ratsfrauen und Ratsherren heißen. Hinzu kommt nach § 45 I 2 NKomVG der Oberbürgermeister, sodass die Anzahl der Ratsmitglieder 55 beträgt. Die Mehrheit der Mitglieder des Rates sind folglich 28. Laut Sitzungsniederschrift sind 30 Ratsmitglieder erschienen, also ist die Mehrheit der Ratsmitglieder anwesend.

Liegt eine ordnungsgemäße Einberufung nach § 59 NKomVG vor und ist die Mehrheit der Ratsmitglieder anwesend, so liegt die Beschlussfähigkeit der Vertretung gem. § 65 I 1 Alt. 1 NKomVG vor. In diesem Fall erfolgt keine Prüfung der Alt. 2 mehr.

Die Vertretung gilt nach § 65 I 3 NKomVG dann solange als beschlussfähig, wie die Beschlussfähigkeit nicht angezweifelt wird. Da die Beschlussfähigkeit in der Regel zu Sitzungsbeginn festgestellt wird, kann also beim zu prüfenden Tagesordnungspunkt darauf verwiesen werden. Weitere Ausführungen werden nur dann erforderlich, wenn z. B. kurz vor dem Tagesordnungspunkt Ratsmitglieder den Saal verlassen und eine Überprüfung der Beschlussfähigkeit verlangt wird.

Sind die Voraussetzungen des § 65 I 1 Alt. 1 NKomVG hingegen nicht erfüllt, so werden anschließend die Voraussetzungen des § 65 I 1 Alt. 2 NKomVG geprüft. Hiernach müssten zunächst alle Ratsmitglieder anwesend sein und keiner darf eine Verletzung von Verfahrensvorschriften rügen.

Die Prüfung der Anwesenheit aller Ratsmitglieder erfolgt anhand der §§ 45 I 2, 46 NKomVG wie oben dargestellt. In der Regel ergibt sich die Anzahl der anwesenden Ratsmitglieder aus der Sitzungsniederschrift oder aus dem Bearbeitervermerk.

Ferner dürfte eine Verletzung von Verfahrensvorschriften nicht gerügt worden sein. Eine Rüge liegt vor, wenn das rügende Mitglied der Vertretung unter Benennung der konkreten Verletzung deutlich macht, dass die Sitzung nicht durchgeführt werden soll. Ein bloßer Hinweis stellt hingegen noch keine Rüge dar.

Ist die Vertretung auch nicht nach § 65 I 1 Alt. 2 NKomVG beschlussfähig und wird die Sitzung der Vertretung dennoch durchgeführt, so sind alle Abstimmungen und Wahlen nicht nur rechtswidrig, sondern sogar nichtig.

1. Die grundsätzliche Möglichkeit der Erweiterung der Tagesordnung

Wird zu einer Sitzung eingeladen, was in der Regel nach der Geschäftsordnung der Vertretung mit einer Ladungsfrist von einer Woche geschieht, so kommt es immer wieder vor, dass noch weitere Tagesordnungspunkte beraten werden sollen. Wird eine Ergänzung unter Einhaltung der regulären Ladungsfrist vorgenommen, so ist dieses unproblematisch.

Etwas anderes gilt jedoch, wenn innerhalb der regulären Ladungsfrist, z. B. der häufig in der Geschäftsordnung der Vertretung aufgenommenen Wochenfrist, der Hauptverwaltungsbeamtin bzw. dem Hauptverwaltungsbeamten weitere Vorlagen von der Verwaltung zur Unterschrift vorgelegt werden. Es stellt sich nun die Frage, ob auch diese Tagesordnungspunkte noch im Rahmen der bereits eingeladenen Ratssitzung behandelt werden können. Grundsätzlich kommen hierfür zwei Möglichkeiten in Betracht. Gesetzlich geregelt ist in § 59 III 5 NKomVG die Erweiterungsmöglichkeit für den dringenden Fall. Die zweite Möglichkeit ist der Eilfall, der jedoch nicht gesetzlich geregelt ist. Diese Möglichkeit steht der Kommune nur zu, wenn die Geschäftsordnung eine Erweiterung der Tagesordnung aufgrund eines Eilfalles vorsieht und die in der Geschäftsordnung dort normierten Voraussetzungen für eine Erweiterung der Tagesordnung im Rahmen eines Eilfalls vorliegen.

2. Die Erweiterung der Tagesordnung aufgrund eines Eilfalls

Eine Erweiterung der Tagesordnung kann bereits in schriftlicher Form vor dem Sitzungstag erfolgen, sofern die Geschäftsordnung der Vertretung diese Erweiterungsmöglichkeit vorsieht. Während beim dringenden Fall die bzw. der Ratsvorsitzende zu Sitzungsbeginn eine Erweiterung der Tagesordnung beantragt, sodass den Ratsmitgliedern keine Möglichkeit der Vorbereitung auf diese Angelegenheit möglich ist, wird bei der Möglichkeit des Eilfalls diese bereits Tage vor Sitzungsbeginn den Ratsmitgliedern als Erweiterung der Tagesordnung mitgeteilt, sodass eine Vorbereitung auf diesen Tagesordnungspunkt zumindest trotz verkürzter Vorbereitungszeit überhaupt noch möglich ist. Insofern schneidet diese Form der Erweiterung nicht so tief in die Rechte der Abgeordneten wie beim dringenden Fall ein.

Beispiel:

Der Oberbürgermeister der Stadt Wolfsburg hat die Einladung zur Ratssitzung am 29. 05. 2021 am 10. 05. 2021 an alle Ratsmitglieder unter Mitteilung der Tagesordnung versandt. Die Ladungsfrist beträgt laut Geschäftsordnung eine Woche. Als ihm am 20. 05. 2021 eine weitere Vorlage zur Unterschrift vorgelegt wird, entscheidet er, das Sachthema noch in der Ratssitzung vom 29. 05. 2021 beschließen zu lassen. Hierfür versendet er am 23. 05. 2021 eine Ergänzung zur bisherigen Tagesordnung und damit innerhalb der regulären Wochenfrist.

Um über den nachgereichten Tagesordnungspunkt einen wirksamen Beschluss der Vertretung herbei führen zu können, sind nun die Voraussetzungen für den Eilfall zu prüfen. Zunächst bedarf es einer Regelung in der Geschäftsordnung der Vertretung. Sieht diese die Möglichkeit der Verkürzung der Ladungsfrist im Eilfall vor, so sind häufig hieran weitere formelle Voraussetzungen nach der Geschäftsordnung geknüpft. In der Regel wird verlangt, dass bei der ergänzten Tagesordnung auf die Verkürzung der Ladungsfrist hingewiesen wird. Das geschieht in der Regel dadurch, dass in Fettschrift auf der Ergänzung der Tagesordnung explizit aufgedruckt ist „auf die Verkürzung der Ladungsfrist wird hingewiesen“. Ferner wird auch für den Eilfall eine Frist verlangt, die auch beim Eilfall einzuhalten ist. Die Frist liegt in der Praxis in der Regel zwischen einem und drei Tagen. Insofern wird es in der Prüfung erforderlich, eine zusätzliche Fristberechnung für die Beschlussfähigkeit über den nachgereichten Tagesordnungspunkt vorzunehmen. Zu der vorzunehmenden Fristberechnung wird auf die obigen Ausführungen verwiesen, jedoch richtet sich das Fristende jetzt nach § 188 I BGB analog, da es sich beim Eilfall in der Regel um Tagesfristen und nicht Wochenfristen handelt.

Ferner muss es sich tatsächlich um einen sog. Eilfall handeln. Der „Eilfall“ ist wiederum ein unbestimmter Rechtsbegriff, der allerdings voll justiziabel ist. Ein Eilfall ist dann gegeben, wenn die Entscheidung über eine Angelegenheit keinen Aufschub duldet, weil sonst Nachteile für die Gemeinde oder Dritte eintreten, die nicht wieder rückgängig gemacht werden können (vgl. OVG Münster, OVGE 28, 235). Es darf nicht möglich sein, zu einer (ggf. weiteren) Sitzung unter Einhaltung der regulären Ladungsfrist (in der Regel laut Geschäftsordnung der Vertretung eine Woche) einzuladen (Thiele, NKomVG, § 59 Rn. 9). Wenn die Voraussetzungen für einen Eilfall gegeben sind, ist es zulässig, sowohl zu einer eigenständigen Sitzung zu laden als auch diesen Tagesordnungspunkt für eine bereits terminierte Sitzung nachzureichen.

Beispiel:

Zu einer Sitzung der Vertretung ist die Einladung unter Beifügung der Tagesordnung am 01.07. an die Ratsmitglieder versandt worden. Diese Sitzung soll danach am 10.07. stattfinden. Am 07.07. wird der Hauptverwaltungsbeamtin bzw. dem Hauptverwaltungsbeamten eine Vorlage zur Unterschrift vorgelegt, die sie bzw. er noch in der bereits terminierten Ratssitzung am 10.07. beschließen lassen will. Da die Geschäftsordnung die Möglichkeit eines Eilfalls unter Verkürzung der Ladungsfrist auf zwei Tage zulässt, darüber hinaus nur den Hinweis verlangt, dass bei der Ergänzung auf die abgekürzte Ladungsfrist hingewiesen wird, verschickt die Hauptverwaltungsbeamtin bzw. der Hauptverwaltungsbeamte am 07.07. eine Ergänzung zur Tagesordnung mit dem erforderlichen Hinweis.

Damit der nachgereichte Tagesordnungspunkt wirksam auf die Tagesordnung der Sitzung am 10.07. gelangt, muss zudem die Ladungsfrist von 2 Tagen gewahrt sein. Für diesen Tagesordnungspunkt ergibt sich folglich folgende Fristberechnung:

- Versandt der Ergänzung am 07.07.
- Zugang (= Ereignis ist der Zugang bei den Ratsmitgliedern) am 08.07. nach § 130 I 1 BGB analog
- Fristbeginn am 09.07. gem. § 187 I BGB analog
- Fristende gem. § 188 I BGB analog (Frist nach Tagen!) mit Ablauf des 10.07., folglich kann der nachgereichte Punkt nicht im Rahmen der Ratssitzung am 10.07. behandelt werden, da der nachgereichte Tagesordnungspunkt nicht wirksam auf die Tagesordnung gekommen ist und die Vertretung folglich zu diesem Punkt nicht beschlussfähig ist. Ferner wären noch die weiteren Tatbestandsmerkmale zu prüfen: wurde auf die Verkürzung der Tagesordnung hingewiesen und liegt überhaupt ein Eilfall vor.

3. Die Erweiterung der Tagesordnung aufgrund eines dringenden Falls

In dringenden Fällen kann die Tagesordnung unter den in § 59 III 5 NKomVG auch ohne eine vorherige schriftlich versandte Ergänzung erweitert werden, wenn die normierten Tatbestandsmerkmale erfüllt sind:

a) Zu Beginn der Sitzung

Eine Erweiterung der Tagesordnung ist nur bis zur Feststellung der Tagesordnung durch die Ratsvorsitzende bzw. den Ratsvorsitzenden möglich. Die Feststellung der Tagesordnung erfolgt in der Regel nach der Begrüßung der anwesenden Ratsmitglieder und der Feststellung der Beschlussfähigkeit durch die Ratsvorsitzende bzw. den Ratsvorsitzenden. Hieran knüpfen sich Fragen nach Änderungen zur Tagesordnung an. Hier muss nun eine Erweiterung der Tagesordnung von einem Ratsmitglied, zu denen auch die Hauptverwaltungsbeamtin bzw. der Hauptverwaltungsbeamte zählt, beantragt werden. Ist bereits in einen Sachtagesordnungspunkt eingetreten worden, so ist eine Erweiterung nach § 59 III 5 NKomVG nicht mehr möglich.

b) Durch Beschluss mit einer $^2/_3$ Mehrheit

Über den Antrag auf Erweiterung der Tagesordnung ist durch Beschluss der Vertretung abzustimmen. Insofern muss der Rat zu Beginn der Sitzung beschlussfähig gewesen sein. Für diese Beschlussfassung bedarf es der $^2/_3$ Mehrheit der gesetzlichen Zahl der Ratsmitglieder und nicht lediglich der anwesenden Ratsmitglieder (vgl. § 45 II NKomVG).

c) Vorliegen eines dringenden Grundes

Nicht jeder Tagesordnungspunkt kann zu Beginn der Sitzung zu einer wirksamen Erweiterung der Tagesordnung führen, vielmehr muss es sich um einen dringenden Fall handeln. Dieser ist nur dann gegeben, wenn die Entscheidung über die Angelegenheit keinen Aufschub duldet, da sonst Nachteile für die Kommune oder Dritte eintreten, die nicht wieder rückgängig gemacht werden können, und es nicht möglich ist, zu einer neuen Sitzung ggf. unter Einhaltung der gemäß der für Eilfälle vorgesehenen abgekürzten Ladungsfrist (siehe Geschäftsordnung) einzuberufen (vgl. VG Oldenburg, Beschluss vom 19. 06. 2002, Rathaus und Recht 2/2003; vgl. auch OVG Lüneburg, Urteil vom 17. 12. 1998, NVwZ 1999,1001). Da es sich bei dem dringenden Fall um einen unbestimmten Rechtsbegriff handelt, ist das Vorliegen der Dringlichkeit vollinhaltlich justiziabel. Insofern ist eine Aufnahme des Tagesordnungspunktes nur möglich, wenn tatsächlich der Kommune ein irreversibler materieller Schaden von einigem Gewicht droht (Thiele, NKomVG, § 59 Rn. 25). Dieses wäre z. B. dann der Fall, wenn die Kommunalkreditzinsen kurzfristig erhöht werden sollen und die Kommune noch vor der Erhöhung eine entsprechende Darlehensaufnahme sicherstellen will.

Liegen die Voraussetzungen des § 59 III 5 NKomVG vor, so ist der Tagesordnungspunkt wirksam auf die Tagesordnung gekommen und die Vertretung ist auch hinsichtlich dieses Sachthemas beschlussfähig. Liegen hingegen die Voraussetzungen nicht vor, so ist die Angelegenheit nicht wirksam auf die

Tagesordnung gekommen und die Vertretung ist dann hinsichtlich dieses Tagesordnungspunktes nicht beschlussfähig. In diesem Fall liegt selbst im Fall einer Beschlussfassung eine Nichtigkeit des Beschlusses vor.

In der Prüfungssituation werden häufig in einer Klausur mehrere Tagesordnungspunkte zur Überprüfung in rechtlicher Hinsicht gestellt. In diesem Fall sollte stets der Tagesordnungspunkt zuerst auf seine Rechtmäßigkeit überprüft werden, der ursprünglich bereits auf der Tagesordnung stand. Ist die Beschlussfähigkeit über § 65 I 1 NKomVG zu Beginn der Sitzung gegeben, so gilt diese gem. § 65 I 3 NKomVG grundsätzlich fort. Wird dann der Tagesordnungspunkt geprüft, der im Rahmen einer Erweiterung über § 59 III 5 NKomVG wirksam auf die Tagesordnung gebracht werden soll, so wird beim Prüfungspunkt der Beschlussfähigkeit festgestellt, dass die Vertretung zu Beginn der Sitzung beschlussfähig war. Diese wirkt grundsätzlich nach § 65 I 3 NKomVG fort, was jedoch nur für die Tagesordnungspunkte gilt, die ursprünglich auf der Tagesordnung gestanden haben. Da dieser Punkt nicht auf der ursprünglichen Tagesordnung stand, muss er zunächst wirksam auf die Tagesordnung gekommen sein. Dieses könnte nach § 59 III 5 NKomVG geschehen sein. Dafür müsste zunächst zu Sitzungsbeginn mit einer Mehrheit von $^2/_3$ der Ratsmitglieder die Erweiterung beschlossen worden sein. Ferner müsste ein dringender Fall vorgelegen haben. Ist das der Fall, so ist der Tagesordnungspunkt wirksam auf die Tagesordnung gekommen und die Beschlussfähigkeit liegt auch hinsichtlich dieser Angelegenheit vor. Keinesfalls wird hier wiederum § 65 I 1 NKomVG in seinen beiden Alternativen geprüft.

Beispiel:

Prüfen Sie die Rechtmäßigkeit der Beschlüsse der Vertretung über den Bau eines neuen Jugendgästehauses und den zu Beginn der Sitzung nachgemeldeten Tagesordnungspunkt Ehrenbürgerrecht für Ratsfrau Reher.

Zwingend sollte der Prüfling in einem solchen Fall zunächst die formelle und dann die materielle Rechtmäßigkeit der Beschlussfassung über den Bau eines neuen Jugendgästehauses prüfen. Bei der Beschlussfähigkeit ist auf § 65 I 1 NKomVG einzugehen. Steht dann das Ergebnis der formellen und materiellen Rechtmäßigkeit fest, wird erst dann die formelle und materielle Rechtmäßigkeit der Beschlussfassung über das Ehrenbürgerrecht für Ratsfrau Reher geprüft. Im Rahmen der Beschlussfähigkeit zu diesem Tagesordnungspunkt erfolgt nun keine Prüfung des § 65 I 1 NKomVG mehr, vielmehr wird anhand des § 59 III 5 NKomVG lediglich geprüft, ob der Top wirksam auf die Tagesordnung gekommen ist.

IV. Vorbereitung durch den Hauptausschuss

Nach § 76 I 1 NKomVG hat der Hauptausschuss grundsätzlich die Beschlussfassung über den Tagesordnungspunkt vorzubereiten. Eine Beschlussempfehlung ist jedoch nicht notwendig, vielmehr bedarf es lediglich der abschließenden Erörterung. Eine abschließende Erörterung liegt nicht vor, wenn die Beratung vertagt oder die Angelegenheit in einen Ausschuss verwiesen wird (vgl. Thiele, NKomVG, § 76 Rn. 3).

Im Falle einer Erweiterung der Tagesordnung aufgrund eines dringenden Falles gem. § 59 III 5 NKomVG muss daher die Sitzung der Vertretung unterbrochen werden, damit der Hauptausschuss während dieser Sitzungsunterbrechung eine Beratung und damit Vorbereitung vornimmt (Thiele, NKomVG, § 76 Rn. 6, § 78 Rn. 8).

Von der Verpflichtung der Vorbereitung durch den Hauptausschuss gibt es folgende Ausnahmen:

- Innerorganisatorische Angelegenheiten der Vertretung (z. B. die Wahl und Abberufung der bzw. des Ratsvorsitzenden § 61 Abs. 1 und 2 NKomVG, die Beschlussfassung über den Erlass oder die Änderung der Geschäftsordnung der Vertretung, die Bildung der Ausschüsse nach § 71 NKomVG und deren Sitzverteilung)
- Vorbehaltsbeschlüsse der Vertretung nach § 58 III NKomVG
- Gesetzliche Ausschlüsse der Vorbereitung z. B. Einleitung der Abwahl der Hauptverwaltungsbeamtin bzw. des Hauptverwaltungsbeamten durch die Vertretung gem. § 82 NKomVG, Antrag auf Versetzung in den Ruhestand § 84 NKomVG, Abberufung der weiteren Beamtinnen und Beamte auf Zeit gem. § 109 NKomVG
- Entscheidung über das Bestehen eines Mitwirkungsverbotes § 41 IV NKomVG
- Aufnahme eines Dringlichkeitsantrages auf die Tagesordnung § 59 III 5 NKomVG

Sollte eine Vorbereitung durch den Hauptausschuss bei diesen Ausnahmetatbeständen dennoch erfolgt sein, so ist dieses unschädlich. Sollte hingegen eine notwendige Vorbereitung des Hauptausschusses nicht erfolgt sein, so ist die Beschlussfassung der Vertretung nichtig (vgl. hierzu auch Thiele, NKomVG, § 76 Rn. 7).

In der Klausur ist wie folgt zu verfahren:

Liegen keine Anhaltspunkte auf eine notwendige Vorbereitung des Hauptausschusses vor, so ist diese im Zweifel zu unterstellen. Im Fall des § 59 III 5 NKomVG ist jedoch auf die Notwendigkeit einer Sitzungsunterbrechung der Vertretung hinzuweisen.

Ansonsten ist gem. § 76 I 1 NKomVG auf die grundsätzliche Notwendigkeit der Vorbereitung durch den Hauptausschuss abzustellen und festzustellen, dass diese nicht notwendigerweise eine Beschlussempfehlung beinhalten muss. Allerdings muss eine abschließende Beratung durch den Hauptausschuss stattgefunden haben. Lediglich dann, wenn laut Sachverhalt keine Vorbereitung stattgefunden hat, ist auf die Ausnahmen wie die innerorganisatorischen Akte der Vertretung einzugehen und zu prüfen, ob ein Ausnahmetatbestand vorliegt.

V. Abstimmung oder Wahl

In der Regel werden die Entscheidungen der Vertretung per Abstimmung gem. § 66 I NKomVG getroffen. Lediglich dann, wenn ein Spezialgesetz oder das NKomVG ausdrücklich eine Wahl vorschreibt, ist diese gem. § 67 NKomVG durchzuführen. Aus dem Prinzip der Mündlichkeit ergibt sich, dass die Mitglieder der Vertretung während der Abstimmung anwesend sein müssen, eine vorherige schriftliche Stimmabgabe oder eine Bevollmächtigung ist nicht möglich.

1. Die Abstimmung

Nach § 66 I NKomVG genügt für die Annahme der Beschlussfassung die einfache Mehrheit der Mitglieder der Vertretung, insofern müssen lediglich mehr Ja- als Nein-Stimmen der anwesenden Mitglieder abgegeben werden. Stimmenthaltungen werden nicht mitgezählt.

Darüber hinaus gibt es auch Fälle, bei denen das Gesetz eine qualifizierte Mehrheit erfordert. So wird z. B. die Mehrheit der Mitglieder der Vertretung gefordert für die Beschlussfassungen über den Erlass oder die Änderung der Hauptsatzung gem. § 12 II NKomVG, die Verringerung der Anzahl der Mitglieder der Vertretung gem. § 46 VI NKomVG, die Abberufung der bzw. des Ratsvorsitzenden gem. § 61 II NKomVG, dem Ausschluss eines Mitglieds der Vertretung von Sitzungen der Vertretung gem. § 63 III NKomVG oder die Abberufung der stellvertretenden Bürgermeisterin bzw. des stellvertretenden Bürgermeisters gem. § 81 II 4 NKomVG.

Eine Zweidrittelmehrheit wird per Gesetz verlangt z. B. für die Erweiterung der Tagesordnung nach § 59 III 5 NKomVG und eine Dreiviertelmehrheit für z. B. den Antrag auf Abwahl der Hauptverwaltungsbeamtin bzw. des Hauptverwaltungsbeamten gem. § 82 II NKomVG oder die Abberufung der weiteren Beamtinnen bzw. Beamten auf Zeit gem. § 109 III NKomVG.

Wird per Gesetz eine qualifizierte Mehrheit verlangt, ist nach § 45 II NKomVG stets auf die gesetzlich vorgeschriebene Zahl der Mitglieder der Vertretung abzustellen bzw. im Fall der Verringerung der Anzahl der Mitglieder der Vertretung gem. § 46 IV, V NKomVG auf die verringerte Anzahl der Mitglieder.

> **Beispiel:**
>
> 15 Ja-, 14-Nein-Stimmen und 2 Enthaltungen.
>
> Die erforderliche Mehrheit gem. § 66 I NKomVG liegt vor, da mehr Ja- als Nein-Stimmen vorliegen.

Nach § 66 II NKomVG ist das für die Abstimmung erforderliche Verfahren einzuhalten. In der Regel wird offen abgestimmt, d. h. per Handzeichen. Sofern die Geschäftsordnung der Vertretung die geheime oder namentliche Abstimmung zulässt, kann unter den dort normierten Voraussetzungen, wie z. B. auf Antrag einer Fraktion, diese stattdessen durchgeführt werden. Werden sowohl geheime als auch namentliche Abstimmung beantragt, so ist anhand der Regularien der Geschäftsordnung zu prüfen, welche Abstimmungsform den Vorrang erhält. Fehlt es an einer Vorrangregelung, so ist der geheimen Abstimmung der Vorrang einzuräumen (vgl. OVG Münster, Beschluss vom 22. 12. 1983, VR 1984, 181, Thiele, NKomVG, § 66 Rn. 5).

> **Beispiel:**
>
> Die Beschlussfassung über den Bau eines neuen Jugendgästehauses ist auf Antrag einer Fraktion der Vertretung in geheimer Abstimmung mit einem Auszählungsergebnis von 15-Ja, 13-Nein-Stimmen bei 2 Enthaltungen getroffen worden. Die Geschäftsordnung der Kommune sieht die geheime Abstimmung auf Antrag einer Fraktion vor.

Mangels gesetzlicher Notwendigkeit der Durchführung einer Wahl ist eine Abstimmung gem. § 66 NKomVG durchzuführen. Nach § 66 I NKomVG bedarf es für die notwendige Mehrheit mehr Ja- als Nein-Stimmen. Vorliegend wurden 15 Ja- und 13-Nein-Stimmen abgegeben, folglich ist die erforderliche Mehrheit erreicht.

Daneben müsste nach § 66 II NKomVG auch das Verfahren eingehalten worden sein. Grundsätzlich ist nach § 66 II offen abzustimmen. Hier sieht jedoch die Geschäftsordnung der Vertretung auf Antrag einer Fraktion die Möglichkeit einer geheimen Abstimmung vor. Laut Sachverhalt stellte eine Fraktion den Antrag auf geheime Abstimmung. Folglich ist diese durchzuführen, das Verfahren nach § 66 II NKomVG ist gewahrt.

Selbst wenn in der Prüfungsaufgabe kein Hinweis auf das durchgeführte Verfahren enthalten ist, wird erwartet, dass der Prüfling insofern die Einhaltung eines ordnungsgemäßen Verfahrens gem. § 66 II NKomVG unterstellt.

2. Die Wahl

Sofern das Gesetz eine Wahl vorschreibt, ist diese gem. § 67 NKomVG durchzuführen. Eine gesetzliche Vorgabe kann sich aus einem Spezialgesetz wie bei der Wahl der Kreisjägermeister gem. § 38 I 1 NJagdG oder aus dem NKomVG ergeben. So ist nach NKomVG für folgende Fälle eine Wahl vorgeschrieben:

- Wahl der bzw. des Vorsitzenden der Vertretung gem. § 61 I NKomVG
- Wahl der Ortsbürgermeisterin bzw. des Ortsbürgermeisters gem. § 92 I NKomVG
- Wahl der stellvertretenden Hauptverwaltungsbeamtin bzw. des stellvertretenden Hauptverwaltungsbeamten gem. § 81 II NKomVG
- Wahl der Bürgermeisterin bzw. des Bürgermeisters gem. § 105 I NKomVG
- Wahl der weiteren Beamtinnen und Beamten auf Zeit gem. § 109 I NKomVG
- Wahl von Vertreterinnen und Vertretern der Kommune in wirtschaftliche Unternehmen gem. § 138 I NKomVG.

Im Fall der Prüfung einer Wahl ist zunächst nach § 67 S. 1 NKomVG die Einhaltung des ordnungsgemäßen Verfahrens anzusprechen. So wird grundsätzlich schriftlich gewählt. Steht nur eine Kandidatin bzw. ein Kandidat zur Wahl, dann ist eine Wahl auf Zuruf bzw. Handzeichen möglich, wenn kein Mitglied der Vertretung widerspricht. Auf Verlangen eines Mitglieds der Vertretung ist geheim zu wählen (vgl. auch Thiele, NKomVG, § 67 Rn. 5).

Hinsichtlich der erforderlichen Mehrheit verlangt § 67 S. 2 NKomVG, dass die Person die Stimmen der Mehrheit der gesetzlichen Zahl der Mitglieder der Vertretung auf sich vereinigt. Im Fall der Reduzierung der Mitglieder der Vertretung gem. § 46 IV, V NKomVG ist die gesetzliche Anzahl die geminderte Zahl.

Sollte keine zur Wahl gestellte Person im ersten Wahlgang die Mehrheit der gesetzlichen Anzahl der Mitglieder der Vertretung erreichen, so hat ein zweiter Wahlgang stattzufinden. Es können sich beim zweiten Wahlgang auch Personen zur Verfügung stellen, die im ersten Wahlgang noch nicht als Kandidaten teilgenommen haben (vgl. Thiele, NKomVG, Rn. 12). Bei diesem hat die zur Wahl erforderliche Anzahl die Person erreicht, die die meisten Stimmen auf sich vereinigt. Bei Stimmengleichheit entscheidet das Los gem. § 67 S. 7 NKomVG.

Beispiel:

Im Rat der kreisfreien Stadt Braunschweig soll ein Ratsvorsitzender gewählt werden. Es sind 51 von 55 Ratsmitgliedern anwesend, zur Wahl stehen drei Bewerberinnen, die im ersten Wahlgang folgendes Wahlergebnis erreichen:

Frau Reher: 21 Stimmen, Frau Merz: 17 Stimmen und Frau Bossdorf: 13 Stimmen.

Die für den ersten Wahlgang erforderliche Mehrheit von 28 Stimmen (Mehrheit von 55 Ratsmitgliedern) wurde von keiner Kandidatin erreicht, folglich hat ein zweiter Wahlgang stattzufinden. Wird auch im zweiten Wahlgang entsprechend dem ersten Wahlgang abgestimmt, so ist Ratsfrau Reher mit der relativen Mehrheit von 21 Stimmen gewählt.

Da es sich beim zweiten Wahlgang nicht um eine Stichwahl handelt, könnten auch neue Bewerberinnen bzw. Bewerber, die nicht im ersten Wahlgang zur Wahl standen, in einen zweiten Wahlgang einbezogen werden.

Beispiel:

Zur Wahl der bzw. des Ratsvorsitzenden der Vertretung der kreisfreien Stadt Braunschweig (55 Ratsmitglieder) treten die Ratsherren Junker und Bossdorf an. Im ersten Wahlgang erhält von den Anwesenden Ratsherr Junker 27 Stimmen und Ratsherr Bossdorf 23 Stimmen. Für einen zweiten Wahlgang stehen die beiden Herren nicht mehr zur Verfügung, stattdessen bewirbt sich Ratsfrau Riebe, die 30 Stimmen erhält.

Da § 61 I NKomVG die Durchführung einer Wahl gesetzlich fordert, ist diese gem. § 67 NKomVG durchzuführen. Da mehr als eine Bewerberin bzw. ein Bewerber zur Wahl stehen, ist die Wahl schriftlich gem. § 67 S. 1 NKomVG durchzuführen. Nach § 67 S. 2 NKomVG wird für die Wahl im ersten Wahlgang die Mehrheit der Mitglieder der Vertretung verlangt, die bei 28 Stimmen liegt (Mehrheit von 55 Ratsmitglieder). Da weder Herr Junker noch Herr Bossdorf diese Anzahl erreicht haben, ist ein zweiter Wahlgang durchzuführen. Eine Bewerbung von Frau Riebe ist möglich, da es sich beim zweiten Wahlgang nicht um eine Stichwahl handelt. Für die Wahl im zweiten Wahlgang würde die relative Mehrheit genügen. Vorliegend hat Frau Riebe sogar die Mehrheit der Mitglieder der Vertretung erreicht, sodass sie die für ihre Wahl erforderliche Stimmenanzahl erreicht hat. Eine ordnungsgemäße Wahl von Frau Riebe ist gem. § 67 NKomVG durchgeführt worden.

VI. Mitwirkungsverbot

Um objektive Entscheidungen herbei zu führen, sieht § 41 I NKomVG vor, dass niemand an einer Beschlussfassung mitwirken darf, der ein persönliches Interesse an der Entscheidung haben könnte. Einerseits soll die Person vor Interessenkonflikten bewahrt werden, auf der anderen Seite soll das Vertrauen der Öffentlichkeit in die Kommunalverwaltung erhalten bleiben (Thiele, NKomVG, § 41 Rn. 1). Da sich die Prüfung des Mitwirkungsverbotes von großer Beliebtheit in Klausuren erfreut, sollten die folgenden Ausführungen einer vertieften Betrachtung zugefügt werden.

1. Anwendbarkeit des § 41 NKomVG

§ 41 I NKomVG gilt nach dem Gesetzeswortlaut für ehrenamtlich tätige Personen. Da die Ratsmitglieder nicht ehrenamtlich tätig sind, bedarf es zunächst der Eröffnung des Anwendungsbereiches. Für die Ratsfrauen und Ratsherren verweist § 54 III NKomVG auf die Anwendung von § 41 NKomVG. Für die Hauptverwaltungsbeamtin bzw. den Hauptverwaltungsbeamten und sonstige Beschäftigte der Kommune dient §§ 87 IV, 107 NKomVG als Verweisungsnorm.

2. Persönlicher Anwendungsbereich

Weiterhin muss der persönliche Anwendungsbereich eröffnet sein. Dieser gilt als berührt, wenn die zu treffende Entscheidung entweder die entsprechende Person selbst betrifft, die Ehepartnerin bzw. den Ehepartner, die Lebenspartnerin bzw. den Lebenspartner oder eine Angehörige bzw. einen Angehörigen bis zu dem in § 41 I 3 NKomVG normierten Grad.

Verwandte gem. § 1589 BGB werden bis zum dritten Grad erfasst. Ausgehend von der betroffenen Person sind dies:

1. Grad: ihre bzw. seine Eltern und Kinder
2. Grad: ihre bzw. seine Großeltern, Enkel und Geschwister
3. Grad: ihre bzw. seine Urgroßeltern, Urenkel, Tante und Onkel, Nichte und Neffen.

Verschwägerte gem. § 1590 BGB werden bis zum zweiten Grad während des Bestehens der Ehe erfasst. Ausgehend von der betroffenen Person sind dies:

1. Grad: ihre bzw. seine Schwiegereltern, Schwiegerkinder

2. Grad: ihre bzw. seine Schwiegergroßeltern, Schwägerin bzw. Schwager.

Daneben fallen noch entweder aufgrund Gesetzes oder kraft Vollmacht vertretene Personen unter den Anwendungsbereich der Norm:

Kraft Gesetzes vertreten: Vereinsvorstand § 26 II BGB, GmbH-Geschäftsführer § 35 I GmbHG, Vormund § 1793 BGB, Betreuer § 1896 BGB.

Kraft Vollmacht vertreten: Vollmacht § 164 BGB, Rechtsanwälte, Steuerberater, Makler, Prokurist § 48 HGB.

Ist der persönliche Anwendungsbereich der Norm eröffnet, ist im nächsten Schritt das Vorliegen des sachlichen Anwendungsbereichs zu prüfen.

3. Sachlicher Anwendungsbereich

Zur Erfüllung des sachlichen Anwendungsbereichs muss die Entscheidung einen unmittelbaren Vor- oder Nachteil für die Handelnde bzw. den Handelnden bringen können.

Ein Vor- bzw. Nachteil ist jede rechtliche, wirtschaftliche, soziale oder sonstige Besserstellung bzw. Verschlechterung einer anderen Person gegenüber. Hierunter fallen z. B. Eigentum und Besitz, aber auch immaterielle Besserstellungen z. B. durch die Verleihung eines Ehrenbürgerrechts.

Nachdem der Vor- oder Nachteil vom Prüfling klar herausgearbeitet worden ist, ist zu prüfen, ob sich dieser nach § 41 I 2 NKomVG auch unmittelbar aus der Entscheidung ergibt. So dürfen keine weiteren Ereignisse eintreten oder Maßnahmen getroffen werden müssen. Hierbei werden die Ausführungshandlungen der Hauptverwaltungsbeamtin bzw. des Hauptverwaltungsbeamten nach § 85 I 2 NKomVG nicht mitgerechnet.

Beispiel:

Beschließt der Rat den Kauf einer Maschine für die Kommune, so muss zwar die Hauptverwaltungsbeamtin nach § 86 I 2 NKomVG noch den Kaufvertrag mit dem Verkäufer abschließen, hierbei handelt es sich jedoch lediglich um unbeachtliche Ausführungshandlungen. Insofern darf der Verkäufer, sofern er ein Ratsmandat innehat, nicht an der Beratung oder Abstimmung teilnehmen.

Wird ein Grundstück der Kommune veräußert, so ist zwar für den Eigentumserwerb grundsätzlich noch die Eintragung der Grundbuchbeamtin bzw. des Grundbuchbeamten in das Grundbuch erforderlich, jedoch ist auch in diesen Fällen aus der Ratio des Mitwirkungsverbotes von der Unmittelbarkeit auszugehen.

Soweit ein Mitwirkungsverbot besteht, genügt die konkrete, nicht nur theoretische Möglichkeit eines unmittelbaren Vor- oder Nachteils (Thiele, NKomVG, § 41 Rn. 8; OVG Münster, OVGE 27, 60), Insofern ist nicht zu prüfen, ob tatsächlich ein Vor- oder Nachteil vorliegt.

4. Ausnahmetatbestände

Erst nach Feststellung des persönlichen und sachlichen Anwendungsbereiches ist auf die gesetzlichen Ausnahmetatbeständen vom Mitwirkungsverbot einzugehen. Immer wieder versuchen Prüflinge bei Vorliegen von offensichtlichen Ausnahmetatbeständen die Prüfung des Mitwirkungsverbotes zu verkürzen, was jedoch stets mit Punktabzügen bewertet wird. Insofern ist der Prüfling gut beraten, sich streng an den vorgestellten Prüfungsaufbau zu halten.

Nach § 41 III 1–4 NKomVG gilt das Regelwerk über das Mitwirkungsverbot nicht bei Beratungen und Entscheidungen von Rechtsnormen wie z. B. kommunalen Satzungen, Beschlüssen, welche die Besetzung unbesoldeter Stellen oder die Abberufung aus ihnen betreffen, bei Wahlen und für ehrenamtlich Tätige, die dem Vertretungsorgan einer juristischen Person als Vertreterin oder Vertreter der Kommune angehören. Von besonderer Relevanz dürfte für die Prüfung die Ausnahmeregelung für Satzungen und Wahlen sein.

Eine weitere Ausnahme befindet sich in § 41 I 3 NKomVG. So unterliegt diejenige bzw. derjenige keinem Mitwirkungsverbot, der an der Entscheidung der Angelegenheit lediglich als Angehöriger einer Berufs- oder einer Bevölkerungsgruppe beteiligt ist, deren gemeinsame Interessen durch die Angelegenheit berührt werden. Wird z. B. von der Vertretung die Gebührenordnung für die Taxen erhöht und befindet sich eine Taxifahrerin bzw. ein Taxifahrer unter den Ratsmitgliedern, so greift diese Ausnahme. Ebenso wenn über einer Erhöhung der Hundesteuer beschlossen werden soll und sich eine Hundebesitzerin bzw. ein Hundebesitzer unter den Ratsmitgliedern befindet.

Ist keine Ausnahme offensichtlich gegeben, so ist der Prüfling dennoch gut beraten, wenn er dieses insofern auch mit einem kurzen Satz feststellt. So bietet sich die Formulierung an: „Ein Ausnahmetatbestand nach § 41 III 1–4 und I S. 3 NKomVG ist nicht gegeben.“ Hiermit zeigt der Prüfling an, dass er sowohl den Prüfungsaufbau kennt, als auch diesen anwenden kann.

Gelangt der Prüfling zu der Feststellung, dass ein Ratsmitglied dem Mitwirkungsverbot unterliegt, so hat er anschließend nach § 41 IV 1 NKomVG festzustellen, ob das Ratsmitglied seiner Anzeigepflicht nachkam und ob ein entsprechender Beschluss der Vertretung gefasst worden ist gem. § 41 IV 2 NKomVG. Die Prüfung des Mitwirkungsverbotes bei der formellen Rechtmäßigkeit endet mit der Feststellung, dass das Ratsmitglied nach § 41 V NKomVG den Beratungsraum verlassen muss, sich jedoch bei öffentlichen Sitzungen im Zuhörerraum aufhalten darf.

5. Rechtsfolge

Liegen die Voraussetzungen für ein Mitwirkungsverbot vor und wird hiergegen von einem Ratsmitglied verstoßen, so ist die Beschlussfassung rechtswidrig. War die Mitwirkung für das Abstimmungsergebnis entscheidend, so ist die Beschlussfassung sogar unwirksam gem. § 41 VI NKomVG.

Merke:

Im Prüfungsaufbau zu beachten ist, dass die Prüfung der Unwirksamkeit der Beschlussfassung Gegenstand der Prüfung der materiellen Rechtmäßigkeit ist. Die Darlegung der Ausführungen hinsichtlich der formellen Rechtmäßigkeit enden folglich mit der Feststellung über den Verstoß gegen das Mitwirkungsverbot und die Feststellung über die Rechtswidrigkeit der Beschlussfassung.

6. Aufbaumuster für die Prüfung eines Mitwirkungsverbotes

a) Anwendung des § 41 NKomVG

b) Persönlicher Anwendungsbereich

c) Sachlicher Anwendungsbereich

d) Ausnahmetatbestände

e) Anzeigepflicht erfüllt

f) Feststellungsbeschluss erfolgt

g) Anwesenheitsregelung beachtet

VII. Öffentlichkeit

Nach § 64 I 1 NKomVG sind Sitzungen der Vertretung öffentlich, sofern nicht das öffentliche Wohl oder berechtigte Interessen Einzelner den Ausschluss der Öffentlichkeit erfordern. Für eine öffentliche Sitzung ist u. a. erforderlich (vgl. Thiele, § 64 NKomVG Rn. 1, 2):

Sowohl Sitzungstag als auch Sitzungsuhrzeit müssen so gewählt worden sein, dass breite Teile aller Bevölkerungsgruppen die Möglichkeit haben, an ihr teilzunehmen.

Als Sitzungsort ist grundsätzlich eine Örtlichkeit im Gebiet der Kommune zu wählen. Dieser muss über einen ungehinderten und barrierefreien Zugang verfügen.

Der Sitzungssaal muss eine angemessene Zahl an Zuhörerinnen und Zuhörer zulassen. Ein Anspruch auf Zulassung besteht nur im Rahmen der Kapazität des Raumes. Die vorherige Ausgabe von kostenlosen Eintrittskarten ist zulässig, sofern die Vergabe objektiven Kriterien entspricht und ein rechtzeitiger Hinweis auf den Sitzungszugang nur nach Vorlage einer Eintrittskarte erfolgte.

Während in der Prüfung auf vorstehende Punkte lediglich bei entsprechenden Problemlagen hingewiesen werden muss, ist nach § 64 I 1 NKomVG stets zu prüfen, ob die Durchführung in der öffentlichen Sitzung möglich ist. Insofern bedarf es stets der Feststellung, ob das öffentliche Wohl oder berechtigte Interessen Einzelner den Ausschluss der Öffentlichkeit erfordern.

Für die Prüfung des Ausschlusses aufgrund des öffentlichen Wohls bedarf es der Feststellung, ob schützenswerte Interessen der Kommune durch die Behandlung der Angelegenheit im öffentlichen Teil der Sitzung verletzt werden können. Hierunter fallen in der Regel z. B. Grundstücksgeschäfte, sofern die Rechtsposition der Kommune beeinträchtigt werden könnte oder vorhandene oder zukünftige Rechtsstreitigkeiten der Kommune negativ beeinflusst werden könnten (Thiele, NKomVG, § 64 Rn. 5).

Berechtigte Interessen Einzelner sind gegeben, wenn ansonsten persönliche Verhältnisse von Personen der Allgemeinheit bekannt werden, an deren Kenntnis kein berechtigtes Interesse der Allgemeinheit besteht. Hierunter zu fassen sind z. B. Informationen Einzelner über deren persönliche oder wirtschaftliche Verhältnisse. Als Fallgruppen kommen in Betracht: Personalentscheidungen, Grundstücksverträge, Kreditverträge und Auftragsvergaben (vgl. Thiele, NKomVG, § 64 Rn. 6).

Ein Verstoß gegen die Beachtung des Öffentlichkeitsgrundsatzes führt zur formellen Rechtswidrigkeit des Beschlusses, sofern ein Tagesordnungspunkt zu Unrecht statt in der nicht öffentlichen in der öffentlichen Sitzung behandelt wird. Im umgekehrten Fall (ein Tagesordnungspunkt wird in der nicht öffentlichen Sitzung behandelt, obwohl keine Ausschlussgründe bestanden haben) ist die Beschlussfassung wegen Verstoßes gegen den Öffentlichkeitsgrundsatz sogar nichtig.

Liegen keine Anhaltspunkte für einen Ausschlussgrund in der Prüfung vor, so ist lediglich festzustellen, dass mangels Ausschlussgründen der Tagesordnungspunkt zu Recht nach § 64 I 1 NKomVG in der öffentlichen Sitzung behandelt worden ist.

Neben der Prüfung von den Tatbestandsmerkmalen des § 64 I 1 NKomVG ist ferner auf die ortsübliche Bekanntmachung gem. § 59 V NKomVG einzugehen. So sieht § 59 V NKomVG vor, dass Zeit, Ort und Tagesordnung der Sitzungen der Vertretung ortsüblich bekannt zu machen sind, es sei denn, die Vertretung wird zu einer nicht öffentlichen Sitzung einberufen. Die Hauptsatzung regelt dabei, wie die ortsübliche Bekanntmachung zu erfolgen hat. In der Regel erfolgt sie durch Veröffentlichung im Amtsblatt, in der ortsüblichen Tageszeitung, durch Aushang oder auch auf der Webseite der Kommune. Die ortsübliche Bekanntmachung hat nach OVG Rechtsprechung (OVG Lüneburg, Urteil vom 10. 03. 1982, FdSt. 1983, Rn. 117) zwei bis drei Tage vor der Sitzung zu erfolgen.

Sowohl in dringenden Fällen nach § 59 III 5 NKomVG als auch in Eilfällen, bei denen wegen der Kürze der Zeit eine Bekanntmachung tatsächlich nicht mehr vorgenommen werden kann, entfällt die Verpflichtung zur Bekanntmachung wegen tatsächlicher Unmöglichkeit (Thiele, NKomVG, § 59 Rn. 27).

Beispiel:

Die Vertretung der Stadt Braunschweig tagt am 24. 11. 2020. Nach der Hauptsatzung ist die ortsübliche Bekanntmachung in der Tageszeitung vorgesehen. Die Veröffentlichung der Tagesordnung mit Datum, Uhrzeit und Ort der Sitzung erfolgte am 21. 11. 2020 in der Braunschweiger Tageszeitung. Die Sitzung zum einzigen Tagesordnungspunkt „Umbenennung des Bohlwegs" fand in der öffentlichen Sitzung statt.

Nach § 64 NKomVG ist der Tagesordnungspunkt in einer öffentlichen Sitzung zu behandeln, sofern nicht das öffentliche Wohl oder berechtigte Interessen Einzelner eine Beratung in der nicht öffentlichen Sitzung erfordern. Da bei einer Straßenumbenennung weder das öffentliche Wohl noch berechtigte Interessen Einzelner einen Ausschluss der Öffentlichkeit erfordern, wurde der Tagesordnungspunkt zu Recht in öffentlicher Sitzung behandelt.

Aufgrund der Veröffentlichung in der Braunschweiger Tageszeitung am 21. 11. 2020 und damit zumindest 2 bis 3 Tage vor der Sitzung (siehe OVG Rechtsprechung) liegen die Voraussetzungen der öffentlichen Bekanntmachung nach § 59 V NKomVG vor.

VIII. Sonstiges

Unter dem Sammelbegriff „Sonstiges“ sind in der Regel die Sitzungsleitung gem. § 63 I NKomVG, die formelle Rechtmäßigkeit eventuell gestellter Anträge gem. § 56 NKomVG, durchgeführte Maßnahmen zur Aufrechterhaltung der Ordnung oder sonstige Maßnahmen nach der Geschäftsordnung zu verstehen.

Die Sitzungsleitung obliegt nach § 63 I NKomVG der bzw. dem Ratsvorsitzenden. Im Falle seiner Verhinderung wird sie bzw. er vertreten durch ihre bzw. seine Vertreterinnen bzw. Vertreter, die im Rahmen der konstituierenden Sitzung gewählt oder nach der Geschäftsordnung der Vertretung bestimmt worden sind (z. B. das älteste anwesende hierzu bereite Mitglied der Vertretung).

Ergreift die Sitzungsleitung Maßnahmen zur Aufrechterhaltung der Ordnung, so ist sie im Rahmen der Ausübung ihres Ermessens an den Grundsatz der Verhältnismäßigkeit gebunden. Die Maßnahme muss daher im Einzelfall geeignet, erforderlich und angemessen sein, um den Missstand zu beseitigen. Als Maßnahmen kommen z. B. ein Ordnungsruf, der Entzug des Wortes oder der Ausschluss aus der Sitzung in Betracht.

Für die Dauer der Sitzung geht das Hausrecht von der Hauptverwaltungsbeamtin bzw. dem Hauptverwaltungsbeamten auf die Sitzungsleitung über. Das Hausrecht kann die Sitzungsleitung sowohl gegenüber Zuhörerinnen und Zuhörern als auch Mitgliedern der Vertretung geltend machen.

Kann ein von einem Mitglied der Vertretung gestellter Antrag nach § 56 NKomVG nicht einem speziellen Prüfungspunkt zugeordnet werden (z. B. ein Antrag auf namentliche Abstimmung wird grundsätzlich beim Prüfungspunkt Abstimmung bzw. Wahl behandelt), so ist dieser unter „Sonstiges“ zu prüfen (so z. B. ein Verfahrensantrag auf „Schluss der Debatte“).

Die Prüfung der formellen Rechtmäßigkeit endet sodann mit der Feststellung, ob diese gegeben ist oder nicht, wobei die einzelnen Verstöße genannt werden sollten.

D. Die Prüfung der materiellen Rechtmäßigkeit

Wie im Verwaltungsrecht üblich erfordert auch die Prüfung der materiellen Rechtmäßigkeit im Kommunalrecht das Vorliegen einer Rechtsgrundlage für die beschlossene Sachentscheidung. Diese kann sich aus einem Spezialgesetz aber auch aus dem NKomVG ergeben. Bei der Prüfung im Kommunalrecht wird sich jedoch die Rechtsgrundlage stets dem NKomVG entnehmen lassen. Nachdem die einschlägige Rechtsgrundlage gefunden worden ist, gilt es nun zu überprüfen, ob die einzelnen Tatbestandsmerkmale vorliegen und die richtige Rechtsfolge getroffen worden ist.

> **Beispiel:**
>
> Der Rat der Stadt Braunschweig beschließt in seiner Sitzung am 02. 12. 2020 den Verkauf eines Grundstücks in der Kommune.

Während im Rahmen der Prüfung der formellen Rechtmäßigkeit u. a. geprüft wird, ob die Stadt hierfür überhaupt zuständig war, das richtige Organ gehandelt hat und der Rat für die Entscheidung überhaupt beschlussfähig war, wird bei der materiellen Rechtmäßigkeit nun geprüft, ob der Verkauf an sich rechtmäßig war. Zunächst bedarf es einer dafür erforderlichen Rechtsgrundlage, die vorliegend § 125 NKomVG darstellt. Nach § 125 I 1 NKomVG dürfen Kommunen Vermögensgegenstände, die sie in absehbarer Zeit nicht mehr brauchen, veräußern, was nach § 125 I 2 NKomVG in der Regel nur zu ihrem vollen Wert geschehen darf. Aus der Rechtsgrundlage ergeben sich somit die bei der materiellen Rechtmäßigkeit zu prüfenden Tatbestandsmerkmale. Insofern muss es sich bei dem Grundstück zunächst um einen Vermögensgegenstand handeln. Dieser darf in absehbarer Zeit nicht mehr gebraucht werden und in der Regel muss die Veräußerung zum vollen Wert geschehen. Liegen die Voraussetzungen vor, so ist die Beschlussfassung des Rates der Stadt Braunschweig materiell rechtmäßig.

> **Beispiel:**
>
> Da der aktuelle Ratsvorsitzende verstorben ist, wählt der Rat der Stadt Braunschweig in seiner Sitzung am 02. 12. 2020 Ratsfrau Müller zur neuen Ratsvorsitzenden.

Als Rechtsgrundlage für die Wahl der Ratsvorsitzenden bzw. des Ratsvorsitzenden dient § 61 NKomVG. Hiernach wählt die Vertretung in ihrer ersten Sitzung aus der Mitte der Abgeordneten ihre Vorsitzende bzw. ihren Vorsitzenden für die Dauer der Wahlperiode. Bei Ratsfrau Müller handelt es sich um eine Abgeordnete, jedoch wird die Ratsvorsitzende grundsätzlich in der konstituierenden Sitzung gewählt, was vorliegend nicht der Fall ist. Da aber auch im Falle einer Abberufung nach § 61 II NKomVG eine spätere Wahl möglich ist, muss entgegen dem Wortlaut des § 61 I NKomVG auch eine spätere Wahl zulässig sein, sodass die Voraussetzungen für die Wahl von Frau Müller vorliegen. Die Beschlussfassung ist materiell rechtmäßig.

Bietet das NKomVG hingegen keine einschlägige Rechtsgrundlage, anhand derer die materielle Rechtmäßigkeit der Beschlussfassung der Vertretung geprüft werden kann, so ist in der Prüfungsleistung auf das Recht zur kommunalen Selbstverwaltung aus Art. 28 II GG und dort speziell auf die Allzuständigkeit der Kommune nach § 2 II HS 2 NKomVG abzustellen. So liegt bei den freiwilligen Aufgaben des eigenen Wirkungskreises wie z. B. beim Bau eines Jugendgästehauses das Handeln im Ermessen der Gemeinde. Sind keine Ermessensfehler wie Ermessensnichtgebrauch, Ermessensfehlgebrauch und Ermessensüberschreitungen bzw. Ermessensunterschreitungen erkennbar und sind die haushaltsrechtlichen Bestimmungen beachtet, so ist die Maßnahme materiell rechtmäßig.

Beispiel:

Der Rat der Stadt Braunschweig beschließt in seiner Sitzung vom 02. 12. 2020 den Neubau eines Jugendgästehauses.

Nachdem das Vorliegen der formellen Rechtmäßigkeit geprüft wurde, ist anschließend auf die materielle Rechtmäßigkeit einzugehen. Im Rahmen ihrer Allzuständigkeit nach § 2 II HS 2 NKomVG ist die Beschlussfassung materiell rechtmäßig, zumal keine Ermessensfehler wie Ermessensnichtgebrauch, -fehlgebrauch, -überschreitung oder -unterschreitung erkennbar sind. Ferner liegen keine Hinweise auf Verletzungen von haushaltsrechtlichen Bestimmungen wie die sparsame und wirtschaftliche Verwendung von Haushaltsmitteln gem. § 110 II NKomVG vor. Die Beschlussfassung ist folglich materiell rechtmäßig.

E. Handlungsempfehlung für die Hauptverwaltungsbeamtin bzw. den Hauptverwaltungsbeamten

I. Prüfungseinstieg

Bezieht sich die Fragestellung nicht ausschließlich auf die Prüfung der formellen und materiellen Rechtmäßigkeit von Beschlüssen, sondern soll eine Handlungsempfehlung für die Hauptverwaltungsbeamtin bzw. den Hauptverwaltungsbeamten abgegeben werden, so dient als Rechtsgrundlage für den Einstieg in das Gutachten § 88 I 1, 2 NKomVG. Danach hat sie bzw. er die Kommunalaufsicht unverzüglich über den Sachverhalt zu berichten und die Vertretung davon zu unterrichten, wenn sie bzw. er einen Beschluss der Vertretung im eigenen Wirkungskreis oder einen Bürgerentscheid für rechtswidrig hält. Gegen einen Beschluss der Vertretung kann sie bzw. er stattdessen Einspruch einlegen.

Das Gutachten beginnt folglich mit der Fragestellung, ob die Hauptverwaltungsbeamtin bzw. der Hauptverwaltungsbeamte gegen die Beschlussfassung der Vertretung in der Sitzung vom ... über .... (Benennung des zu überprüfenden Beschlusses) einschreiten sollte. An dieser Stelle ist die Aussage zu vermeiden, ob sie bzw. er gegen die Beschlussfassung Einspruch einlegen sollte, da § 88 NKomVG zwei mögliche Rechtsfolgen vorsieht, über deren Auswahl erst bei der Rechtsfolgenprüfung des § 88 NKomVG zu entscheiden ist.

Im Anschluss schließt sich die Darstellung der formellen Rechtmäßigkeit des Einschreitens an. Da lediglich der Hauptverwaltungsbeamtin bzw. dem Hauptverwaltungsbeamten das Recht auf Einschreiten nach dem Wortlaut des § 88 NKomVG zusteht, muss zunächst untersucht werden, wer die Hauptverwaltungsbeamtin bzw. der Hauptverwaltungsbeamte der Kommune im konkreten Fall ist. An dieser Stelle ist folglich auf die §§ 7 I, II und 14 NKomVG einzugehen (s. o. beim Prüfungspunkt Organzuständigkeit). Mithilfe dieser Normen ist festzustellen, ob die Hauptverwaltungsbeamtin bzw. der Hauptverwaltungsbeamte den Titel z. B. Bürgermeisterin bzw. Bürgermeister oder Oberbürgermeisterin bzw. Oberbürgermeister führt und ob die konkret handelnde Person diesen Titel führt.

Hieran schließt sich die Prüfung der materiellen Rechtmäßigkeit des Einschreitens an. So kann die Hauptverwaltungsbeamtin bzw. der Hauptverwaltungsbeamte nur gegen einen Beschluss der Vertretung im eigenen Wirkungskreis oder einen Bürgerentscheid einschreiten.

> Ein Beschluss ist eine abschließende Entscheidung eines Kollegialorgans mit Bindungswirkung für die Kommune, die in Form einer Abstimmung oder Wahl getroffen wird (vgl. Thiele, NKomVG, § 66 Rn. 1).

Liegt ein Beschluss der Vertretung und kein Bürgerentscheid vor, so bedarf es ferner der Überprüfung, ob der Beschluss dem eigenen Wirkungskreis zuzurechnen ist. An dieser Stelle kann auf die Ausführungen zur Feststellung der Verbandszuständigkeit (s. o.) verwiesen werden. Es ist hier festzustellen, dass es sich bei der Beschlussfassung in der Regel um eine Angelegenheit der örtlichen Gemeinschaft nach der Wurzeltheorie des BVerfG gem. § 5 I 1 NKomVG handelt. Zwar wäre grundsätzlich auch eine Fallschilderung möglich, die Konstellationen des § 5 I 2–4 oder III NKomVG betrifft, jedoch wird hiervon kaum Gebrauch gemacht. Hingewiesen wird an dieser Stelle ausdrücklich darauf, dass nach der hier vertretenen Auffassung keinesfalls die Prüfung der Verbandszuständigkeit bei dem später zu prüfenden Top entfallen kann. So ist vorliegend ausschließlich auf die Beschlussfassung aus dem Bereich des eigenen Wirkungskreises abzustellen, während bei der späteren Überprüfung der Verbandszuständigkeit diese in sachlicher und örtlicher Hinsicht darzustellen ist. Ebenso erfolgt bei der Verbandszuständigkeit die Prüfung, ob ein Körperschaftsrecht berührt ist. Da die Prüfung eines Körperschaftsrechts nicht identisch ist mit der Annahme eines Beschlusses aus dem eigenen Wirkungskreis ist die Benennung eines Körperschaftsrechts an dieser Stelle abzulehnen.

Nach einer anderen Auffassung umfasst die Darstellung des eigenen Wirkungskreises an dieser Stelle die gesamte spätere Prüfung der Verbandszuständigkeit hinsichtlich des in der Klausur zu prüfenden Tagesordnungspunkts. Da diese Auffassung jedoch dazu führt, dass im Ergebnis weder eine Feststellung der örtlichen Zuständigkeit nach dem VwVfG erfolgt, ein Körperschaftsrecht an falscher Stelle geprüft wird, noch die Allzuständigkeit nach § 2 II HS 2 NKomVG dargestellt wird, wird dieser Auffassung vorliegend nicht gefolgt. Dem Prüfling wird daher eine differenzierte Darstellung empfohlen.

Als drittes Tatbestandsmerkmal ist sodann zu prüfen, ob die Beschlussfassung aus der Sicht der Hauptverwaltungsbeamtin bzw. des Hauptverwaltungsbeamten rechtswidrig ist. Hierbei darf sie bzw. er sich nur von sachgerechten Erwägungen leiten lassen. An dieser Stelle ist nun zunächst die formelle Rechtmäßigkeit der Beschlussfassung und anschließend die materielle Beschlussfassung des Beschlusses der Vertretung zu prüfen. Insofern wird deutlich, dass der Klausurtypus zwei (die Handlungsempfehlung für die HVB bzw. den HVB) den Klausurtypus eins (die ausschließliche Prüfung der formellen und materiellen Rechtmäßigkeit) komplett umfasst. Es ist bei der Darstellung der formellen Rechtmäßigkeit darauf zu achten, dass Wiederholungen vermieden werden. So kann deshalb auch bei der Prüfung des Tagesordnungspunktes und dort bei der Verbandszuständigkeit hinsichtlich der sachlichen Zuständigkeit der Kommune für den Tagesordnungspunkt auf die Ausführungen zu der Prüfung der materiellen Rechtmäßigkeit des Einschreitens verwiesen werden, da an dieser Stelle bereits im Rahmen der Tatbestandsmerkmale des § 88 NKomVG festgestellt worden ist, dass es sich um eine Angelegenheit des eigenen Wirkungskreises handelt. Ebenso bedarf es bei der Prüfung der Organzuständigkeit nicht mehr des Einstiegs über §§ 7 I, II, 14 NKomVG, weil dieses bereits bei der Prüfung der formellen Rechtmäßigkeit des Einschreitens nach § 88 NKomVG geschehen ist.

Sind die Tatbestandsmerkmale des § 88 NKomVG erfüllt (Beschluss der Vertretung im eigenen Wirkungskreis oder Bürgerentscheid, den die Hauptverwaltungsbeamtin bzw. der Hauptverwaltungsbeamte für rechtswidrig hält), so greift die Rechtsfolge des § 88 NKomVG. Der Hauptverwaltungsbeamtin bzw. dem Hauptverwaltungsbeamten steht insofern kein Entschließungs-, jedoch ein Auswahlermessen gem. § 40 VwVfG zu. Auch wenn kein Entschließungsermessen besteht, so kann sie bzw. er nicht von Dritten zu einer Handlung gezwungen werden, da § 88 NKomVG kein subjektiv-öffentliches Recht für Dritte auf Einschreiten darstellt. So stellt sowohl ein Bericht an die Kommunalaufsicht als auch Einspruch gegen die Entscheidung der Vertretung keinen Verwaltungsakt, sondern lediglich ein Verwaltungsinternum dar.

Im Rahmen der Ausübung des Auswahlermessens (Bericht oder Einspruch) ist das Verhältnismäßigkeitsprinzip nach § 40 VwVfG zu beachten. So muss die zu ergreifende Maßnahme geeignet, erforderlich und angemessen sein. Liegt eine rechtswidrige Beschlussfassung vor, so sind sowohl Bericht als auch Einspruch geeignet, das Ziel der Maßnahme zu erreichen, nämlich die Rechtmäßigkeit der Handlung der Verwaltung wiederherzustellen. Problematisch ist dieses nur, wenn die Beschlussfassung an einem schwerwiegenden Fehler leidet, z. B. keine Vorbereitung der Beschlussfassung durch den Hauptausschuss stattgefunden hat und die Beschlussfassung der Vertretung demnach nicht nur rechtswidrig, sondern sogar nichtig ist. In diesem Fall liegt nämlich rechtlich ein Nullum, also ein Nichtbeschluss, vor und ein Vorgehen gegen einen nicht vorhandenen Beschluss durch die Hauptverwaltungsbeamtin bzw. der Hauptverwaltungsbeamte wäre also gar nicht möglich. Mit der herrschenden Meinung gilt es jedoch in diesen Fällen, den vorhandenen Rechtsschein, der auch durch einen nichtigen Beschluss der

Vertretung entstanden ist, zu beseitigen. Folglich sind auch in diesen Fällen sowohl Bericht als auch Einspruch als geeignet einzustufen.

Im Rahmen der Überprüfung der Erforderlichkeit der Maßnahme ist abzuwägen, welches der beiden Mittel einen geringeren Eingriff darstellt. Da bei einem Einspruch nach § 88 I 2, 3 NKomVG die Vertretung der Kommune nach der sog. Abkühlungsfrist erneut entscheiden kann, gilt der Einspruch als das Mittel der geringeren einschneidenden Art. Dahingegen würde bei einem Bericht an die Kommunalaufsichtsbehörde eine übergeordnete Institution das weitere Vorgehen lenken. Lässt sich also dem Sachverhalt nicht entnehmen, dass die Vertretung auch nach der Abkühlungsfrist erneut wie vorher beschließen wird, d. h. die angegriffene Maßnahme wiederholt, so ist an dieser Stelle dem Einspruch gegenüber dem Bericht der Vorzug zu geben. Im Rahmen der Angemessenheit wird dann lediglich noch festgestellt, dass der Einspruch das angemessene Mittel darstellt, da dieser gesetzlich für derartige Fälle vorgesehen ist.

Die Prüfungsleistung endet dann mit dem Ergebnis, dass der Hauptverwaltungsbeamtin bzw. dem Hauptverwaltungsbeamten empfohlen wird, gegen die Beschlussfassung der Vertretung über die zu untersuchende Beschlussfassung in der Sitzung der Vertretung vom .... Einspruch nach §§ 88 I 1, 2 NKomVG einzulegen.

Sollte in der zu erbringenden Prüfungsleistung nicht nur eine Beschlussfassung der Vertretung, sondern mehrere Beschlussfassungen zu überprüfen sein, so erfolgt der Prüfungseinstieg für die Abgabe einer Handlungsempfehlung zunächst wie oben beschrieben. Erst beim Prüfungspunkt Rechtswidrigkeit aus der Sicht der Hauptverwaltungsbeamtin bzw. des Hauptverwaltungsbeamten wird nun zunächst komplett die erste getroffene Beschlussfassung der Vertretung in formeller und materieller Hinsicht überprüft. Erst anschließend erfolgt dann die Überprüfung der zweiten und ggf. dritten Beschlussfassung. Es gilt unbedingt zu vermeiden, eine parallele Prüfung aller zu prüfenden Beschlüssen vorzunehmen. Liegt das Ergebnis jedes einzelnen Beschlusses über seine formelle und materielle Rechtswidrigkeit vor, so folgen nun Ausführungen zur Rechtsfolge des § 88 NKomVG. Insofern werden sowohl Tatbestandsmerkmale als auch Rechtsfolge des § 88 NKomVG auch bei der Überprüfung mehrerer Beschlüsse der Vertretung nur einmal dargestellt.

II. Aufbaumuster für das Einschreiten der Hauptverwaltungsbeamtin bzw. des Hauptverwaltungsbeamten

Rechtsgrundlage § 88 I 1, 2 NKomVG

1. **Tatbestandsvoraussetzungen**

- Formelle Rechtmäßigkeit des Einschreitens: Zuständigkeit des HVB § 88 I 1 NKomVG
- Materielle Rechtmäßigkeit des Einschreitens:
  a) Beschluss oder Bürgerentscheid
  b) eigener Wirkungskreis § 5 I 1 NKomVG
  c) Rechtswidrigkeit aus Sicht des HVB
     Formelle Rechtmäßigkeit von Beschluss 1
     aa) Verbandszuständigkeit
     bb) Organzuständigkeit
     cc) Beschlussfähigkeit § 65 I 1 NKomVG
     dd) Vorbereitung durch den Hauptausschuss § 76 I 1 NKomVG
     ee) Abstimmung oder Wahl § 66 NKomVG bzw. § 67 NKomVG
     ff) Mitwirkungsverbot §§ 41, 54 III NKomVG
     gg) Öffentlichkeit § 64 NKomVG
     hh) Sonstiges
     Materielle Rechtmäßigkeit von Beschluss 1
     Formelle Rechtmäßigkeit von Beschluss 2
     ....
     Materielle Rechtmäßigkeit von Beschluss 2
     ....

2. **Rechtsfolge**

- kein Entschließungsermessen, aber Auswahlermessen gem. § 40 VwVfG
- Prüfung der Grenzen des Ermessens, insbesondere Prüfung des Verhältnismäßigkeitsgrundsatzes (geeignet, erforderlich, angemessen)

F. Beanstandung der Kommunalaufsicht

I. Prüfungseinstieg

Ebenso wie bei der Prüfung einer Handlungsempfehlung für die Hauptverwaltungsbeamtin bzw. den Hauptverwaltungsbeamten bezieht sich auch bei der Prüfungssituation der Wahrnehmung der Kommunalaufsicht (Klausurtypus drei) die Fragestellung nicht ausschließlich auf die Prüfung der formellen und materiellen Rechtmäßigkeit von Beschlüssen. Vielmehr soll der Prüfling aufzeigen, dass sie bzw. er als Mitarbeiterin bzw. Mitarbeiter der Kommunalaufsicht in der Lage ist, im Rahmen der Prüfung einer Beanstandung gem. § 173 NKomVG die Beschlussfassung der Vertretung zu prüfen. Insofern dient § 173 I 1 NKomVG lediglich als Einstieg in das Gutachten. Danach kann die Kommunalaufsicht Beschlüsse und andere Maßnahmen einer Kommune sowie Bürgerentscheide beanstanden, wenn sie das Gesetz verletzen.

Das Gutachten beginnt folglich mit der Fragestellung, ob die Kommunalaufsicht die Beschlussfassung der Vertretung in ihrer Sitzung vom ... über .... (Benennung des zu überprüfenden Beschlusses) gem. § 173 I 1 NKomVG beanstanden sollte.

Im Anschluss schließt sich die Darstellung der formellen Rechtmäßigkeit der Beanstandung an. Da lediglich der Kommunalaufsicht das Recht zur Beanstandung nach dem Wortlaut des § 173 I 1 NKomVG zusteht, muss also untersucht werden, wer als Kommunalaufsicht der handelnden Kommune anzusehen ist. An dieser Stelle ist somit auf die sachliche, instanzielle und örtliche Zuständigkeit der Aufsicht einzugehen.

Hinsichtlich der sachlichen Zuständigkeit ist nach § 170 I 2 NKomVG festzustellen, dass die Kommunen die geltenden Gesetze im Rahmen des eigenen Wirkungskreises zu beachten hat und die Kommunalaufsichtsbehörde folglich nur dann zuständig ist, wenn die Kommune eine Aufgabe wahrgenommen hat, die der Kommunalaufsicht unterliegt. An dieser Stelle kann vertiefend auf die Ausführungen zur Wurzeltheorie gem. §§ 1, 2 II HS 2, 4, 5 NKomVG verwiesen werden.

Hinsichtlich der Festlegung der instanziellen Zuständigkeit ist nach §§ 171 I, II, 14 NKomVG festzulegen, ob der Landkreis oder das Ministerium für Inneres als Kommunalaufsicht zuständig ist. So ist nach § 171 I NKomVG Kommunalaufsicht über die Landkreise, die Region Hannover, die kreisfreien Städte, die großen selbstständigen Städte, die Landeshauptstadt Hannover und die Stadt Göttingen das für Inneres zuständige Ministerium. Nach § 171 II NKomVG ist Kommunalaufsicht über die übrigen kreisangehörigen Gemeinden sowie über die Samtgemeinden der Landkreis als Kommunalaufsichtsbehörde und das für Inneres zuständige Ministerium als oberste Kommunalaufsichtsbehörde. Nach § 171 III NKomVG führt die Region Hannover die Kommunalaufsicht über die übrigen regionsangehörigen Gemeinden und das für Inneres zuständige Ministerium als oberste Kommunalaufsichtsbehörde.

Für die Prüfung der örtlichen Zuständigkeit ist zu klären, ob die Kommune im Einzugsbereich der Kommunalaufsichtsbehörde liegt. Die entsprechende Zuständigkeitsregelung ergibt sich aus § 3 I 3b VwVfG i. V. m. § 1 I Nds. VwVfG. Danach ist diejenige Behörde zuständig, in deren Bezirk eine juristische Person ihren Sitz hat.

In materieller Hinsicht muss es sich gem. § 173 I NKomVG bei der zu überprüfenden Maßnahme um einen Beschluss oder eine Maßnahme oder einen Bürgerentscheid handeln. Bei einem Beschluss handelt es sich um abschließende Entscheidung eines Kollegialorgans mit Außenwirkung, der im Rahmen einer Abstimmung oder Wahl getroffen worden ist. Andere Maßnahmen sind alle übrigen der Kommune zuzurechnenden Handlungen, die die Kommune rechtlich binden, aber nicht als Beschluss gefasst werden.

Eine Beanstandung setzt ferner voraus, dass eine Gesetzesverletzung vorliegt. An dieser Stelle erfolgt die Prüfung i. d. R. des Beschlusses der Vertretung sowohl in formeller als auch in materieller Hinsicht. Ist die Beschlussfassung der Vertretung rechtswidrig, so liegen die Voraussetzungen für eine Beanstandung vor. Die Aufsichtsbehörde hat dabei ihr Ermessen entsprechend dem Zweck der Ermächtigung, nämlich rechtmäßige Zustände wieder herzustellen, auszuüben und die gesetzlichen Grenzen des Ermessens einzuhalten. Da ein Vorgehen jedoch nicht verpflichtend ist, ist bereits im Rahmen des Entschließungsermessens zunächst nach § 40 VwVfG festzustellen, ob die Kommunalaufsichtsbehörde handeln will.

Hinsichtlich des Entschließungsermessens dient § 170 I 3 NKomVG als Anhaltspunkt, wonach die Aufsicht so gehandhabt werden soll, dass die Entschlusskraft und Verantwortungsfreude der Kommune nicht beeinträchtigt wird. In der Regel wird in der Prüfung das Entschließungsermessen dahingehend ausgeübt werden müssen, dass die Aufsicht einschreitet. Hinsichtlich der zu wählenden Aufsichtsmittel ist dann speziell der Grundsatz der Verhältnismäßigkeit auszuführen. Danach muss die Aufsichtsmaßnahme geeignet sein, d. h. sie muss den beabsichtigten angestrebten Erfolg herbeiführen bzw. ihn zumindest fördern. Erforderlich ist die Maßnahme dann, wenn sie von mehreren möglichen Aufsichtsmitteln diejenige ist, die die Kommune voraussichtlich am wenigsten beeinträchtigt. Es darf folglich kein milderes Mittel geben, das zum beabsichtigten Erfolg führt.

Die Aufsichtsmaßnahme ist dann angemessen, wenn sie nicht zu einem Nachteil führt, der zu dem angestrebten Zweck außer Verhältnis steht. Die Nachteile für die Kommune dürfen nicht schwerer wiegen als die mit der Maßnahme bezweckten Vorteile. In der kommunalrechtlichen Prüfung ist in der Regel als Rechtsfolge die Beanstandung nach § 173 NKomVG zu wählen.

Die Darstellung endet sodann mit einem Handlungsvorschlag, der z. B. darauf abzielt, dass der Aufsicht angeraten wird, die Beschlussfassung der Vertretung in der Sitzung vom 10. 12. 2020 über den Erwerb eines Grundstücks gem. § 173 NKomVG zu beanstanden.

II. Aufbaumuster für die Beanstandung

Rechtsgrundlage: § 173 I 1 NKomVG

1. **Tatbestandsvoraussetzungen**

- Formelle Rechtmäßigkeit der Beanstandung:
  - a) Sachliche Zuständigkeit § 170 I NKomVG i. V. m. § 5 I 1 NKomVG
  - b) Instanzielle Zuständigkeit § 171 I – IV NKomVG i. V. m. § 14 I 1, V, VI NKomVG
  - c) Örtliche Zuständigkeit § 3 I 1–4 VwVfG i. V. m. § 1 I Nds. VwVfG
- Materielle Rechtmäßigkeit der Beanstandung
  - a) Beschluss oder andere Maßnahme einer Kommune oder Bürgerentscheid
  - b) Gesetzesverletzung

    Formelle Rechtmäßigkeit des Beschlusses 1
    - aa) Verbandszuständigkeit
    - bb) Organzuständigkeit
    - cc) Beschlussfähigkeit § 65 I 1 NKomVG
    - dd) Vorbereitung durch den Hauptausschuss § 76 I 1 NKomVG
    - ee) Abstimmung oder Wahl § 66 NKomVG bzw. § 67 NKomVG
    - ff) Mitwirkungsverbot §§ 41, 54 III NKomVG
    - gg) Öffentlichkeit § 64 NKomVG
    - hh) Sonstiges

      Materielle Rechtmäßigkeit des Beschlusses 1

      Formelle Rechtmäßigkeit des Beschlusses 2

      ....

2. **Rechtsfolge**

- Entschließungsermessen (Beachte § 170 I 1 3 NKomVG)
- Auswahlermessen § 40 VwVfG, insbesondere Beachtung des Verhältnismäßigkeitsgrundsatzes

G. Musterklausuren

Die folgenden Musterklausuren beinhalten lediglich einen Formulierungsvorschlag. Zum Teil erfolgt aus Platzgründen auch lediglich eine Aufzählung der zu prüfenden Tatbestandsmerkmale. Es folgt zunächst eine Klausur des Klausurtypus eins (Prüfung der formellen und materiellen Rechtmäßigkeit), dann drei Klausuren vom Klausurtypus zwei (Handlungsempfehlung für die Hauptverwaltungsbeamtin bzw. den Hauptverwaltungsbeamten) und abschließend zwei Klausuren des Klausurtypus drei (Beanstandung der Kommunalaufsicht).

I. Die Prüfung der formellen und materiellen Rechtmäßigkeit

„Die Abwahl des Ratsvorsitzenden"

Fragestellung

Sie sind Mitarbeiter(in) der niedersächsischen Stadt Silberquelle. Die Bürgermeisterin bittet Sie zu untersuchen, ob die Entscheidung zu TOP 2 formell und materiell rechtmäßig ist.

Bearbeitungshinweise

1. Die Stadt Silberquelle ist eine fiktive kreisangehörige Gemeinde und keine große selbstständige Stadt mit 14.154 Einwohnerinnen und Einwohnern.
2. Die im Sachverhalt enthaltenen *Tatsachen* sind als wahr zu unterstellen, nicht aber die geäußerten *Rechtsansichten*.
3. Prüfen Sie weiter, auch wenn Sie meinen, einen Rechtsverstoß festgestellt zu haben.
4. Die Ladungsfrist für den Rat beträgt gemäß seiner Geschäftsordnung eine Woche.
5. Alle Abgeordneten erhielten das Einladungsschreiben zur Ratssitzung am Montag, den 02. 11. 2021. Die Tagesordnung ging den Abgeordneten einen Tag später zu.
6. Die Tagesordnung ist drei Tage vor der Sitzung in der zuständigen Zeitung der Stadt Silberquelle veröffentlicht worden.

Sachverhalt

Auszug aus der Einladung zur Sitzung des Rates der Stadt Silberquelle am Mittwoch, 11. 11. 2021, im Ratssaal

Tagesordnung

Öffentlicher Teil:

TOP 1: Begrüßung und Feststellung der Beschlussfähigkeit

TOP 2: Abwahl des Ratsvorsitzenden

[…]

gez. Blumentritt

Bürgermeisterin der Stadt Silberquelle

Auszug aus dem Protokoll der Sitzung des Rates der Stadt Silberquelle vom Mittwoch, 11. 11. 2021

Der stellvertretende Ratsvorsitzende **Nowak** begrüßt die anwesenden Ratsfrauen und Ratsherren sowie Bürgermeisterin **Blumentritt**; der Ratsvorsitzende **Bleitner** erschien nicht zur Sitzung. Danach stellt der stellvertretende Ratsvorsitzende **Nowak** die Beschlussfähigkeit fest.

TOP 2: Abwahl des Ratsvorsitzenden

Die Bürgermeisterin führt aus, dass sie bereits vielfach Beschwerden von Ratsmitgliedern wegen der mangelnden Neutralität des Ratsvorsitzenden **Bleitner** während der Sitzungsleitung erhalten habe. Daher sollte der Rat über seine Abberufung entscheiden. Ratsfrau **Wesche** kritisiert, dass doch wohl zunächst der Verwaltungsausschuss hierüber zu beraten habe. Jedoch habe der Tagesordnungspunkt nicht auf der gestrigen Sitzung des Verwaltungsausschusses gestanden. Ratsfrau **Wesche** beantragt ferner, dass Ratsfrau **Merz**, die Cousine des Ratsvorsitzenden **Bleitner**, wegen ihrer verwandtschaftlichen Nähe den Saal verlässt und nicht an der Abstimmung teilnimmt. Der stellvertretende Ratsvorsitzende **Nowak** bittet daraufhin Frau **Merz**, den Sitzungssaal zu verlassen, was auch geschieht. Nach Verlassen des Saales von Frau **Merz** wurde über die Abberufung des Ratsvorsitzenden **Bleitner** geheim abgestimmt. Mit 14 zu 12 Stimmen, bei einer Enthaltung, wurde die Abberufung beschlossen.

Lösungshinweis

Arbeitsziel: Zu prüfen ist die formelle und materielle Rechtmäßigkeit der Beschlussfassung der Vertretung in der Sitzung am 11. 11. 2021 über die Abberufung des Ratsvorsitzenden Bleitner.

1. Formelle Rechtmäßigkeit des Beschlusses zu TOP 2

a) Verbandszuständigkeit

Die Verbandszuständigkeit setzt sich aus der sachlichen und örtlichen Zuständigkeit zusammen. Die Stadt Silberquelle ist im Rahmen ihrer Allzuständigkeit für die Abberufung des Ratsvorsitzenden zuständig, zumal es sich um eine Angelegenheit des eigenen Wirkungskreises handelt, da die Abberufung als Angelegenheit der örtlichen Gemeinschaft in der Gemeinde wurzelt und auf diese einen spezifischen Bezug hat (Wurzeltheorie des BVerfG) gem. §§ 1, 2 II HS 2, 4, 5 I 1 NKomVG. Ferner ist das Körperschaftsrecht der Organisationshoheit gem. § 2 II HS 1 NKomVG berührt. Örtlich zuständig ist die Stadt Silberquelle gem. § 1 I Nds. VwVfG i. V. m. § 3 I 4 VwVfG.

b) Organzuständigkeit

Die Organe der Kommune heißen nach § 7 I NKomVG: Vertretung, Hauptausschuss und Hauptverwaltungsbeamtin bzw. Hauptverwaltungsbeamter. Bei der Stadt Silberquelle handelt es sich gem. § 14 I NKomVG um eine kreisangehörige Gemeinde, folglich heißen die Organe nach § 7 II 1 NKomVG: Rat, Verwaltungsausschuss und Bürgermeisterin bzw. Bürgermeister.

Aufgrund der spezialgesetzlichen Zuweisungsnorm innerhalb des NKomVG ist der Rat gemäß § 61 II NKomVG für die Abberufung zuständig.

c) Beschlussfähigkeit

Ferner müsste der Rat gemäß § 65 I 1 NKomVG beschlussfähig gewesen sein. Nach § 65 I 1 Alt. 1 NKomVG ist der Rat beschlussfähig, wenn nach ordnungsgemäßer Einberufung die Mehrheit seiner Mitglieder anwesend ist oder nach Alt. 2 alle Ratsmitglieder anwesend sind und keines die Verletzung von Verfahrensvorschriften rügt. Nach § 65 I 1 NKomVG müsste für die Alternative 1 zunächst eine ordnungsgemäße Einladung gem. § 59 I NKomVG vorliegen. Nach § 59 I 1 NKomVG müsste dafür die BMin Blumentritt die übrigen Ratsmitglieder unter Mitteilung der Tagesordnung elektronisch oder schriftlich eingeladen haben.

Wie sich aus dem Auszug der Einladung und dem Bearbeiterhinweis 5 ergibt, hat die Bürgermeisterin Blumentritt alle Abgeordneten schriftlich eingeladen. Dass die Tagesordnung erst einen Tag später versandt worden ist, hat auf die ordnungsgemäße Einladung nach § 59 I 1 NKomVG keinen Einfluss. Ferner müsste nach § 59 I 2 NKomVG in Verbindung mit der Geschäftsordnung der Vertretung die Ladungsfrist eingehalten worden sein. Laut dem Bearbeitungshinweis Nr. 4 beträgt die Ladungsfrist eine Woche. Es ergibt sich somit folgende Fristberechnung gem. §§ 187, 188 BGB analog:

Fristenberechnung

Zugang der Tagesordnung: Dienstag, 03. 11. 2021 (Bearbeiterhinweis Nr. 5)

Fristbeginn § 187 I BGB analog: Mittwoch, 04. 11. 2021

Fristende § 188 II BGB analog (da Wochenfrist): Dienstag, 10. 11. 2021, 24 h.

Frühester Sitzungstermin: Mittwoch, 11. 11. 2021

Da die Sitzung erst am Mittwoch, den 11. 11. 2021, stattfinden soll, ist die Ladungsfrist gewahrt. Eine ordnungsgemäße Einberufung gem. § 59 I NKomVG liegt folglich vor.

Ferner müsste für die Alternative 1 des § 65 I 1 NKomVG die Mehrheit der Mitglieder der Vertretung anwesend sein. Die Anzahl der Mitglieder der Vertretung ergibt sich aus §§ 45 I 2, 46 NKomVG. Bei einer Einwohnerzahl von 14.154 Einwohnerinnen und Einwohner (Bearbeiterhinweis 1) beträgt die Zahl der Abgeordneten 30. Diese heißen nach § 45 I 3 NKomVG Ratsfrauen und Ratsherren. Hinzu kommt nach § 45 I 2 NKomVG die Bürgermeisterin, sodass der Rat aus 31 Mitgliedern besteht. Da die Mehrheit von 31 Mitgliedern 16 ist, 27 Mitglieder anwesend sind (vgl. Abstimmung) ist die Mehrheit der Vertretung folglich anwesend.

Die Beschlussfähigkeit des Rates ist nach § 65 I 1 Alt. 1 NKomVG gegeben.

d) Vorbereitung

Grundsätzlich muss die Ratssitzung gem. § 76 I 1 NKomVG durch den Verwaltungsausschuss vorbereitet werden. Dies ist laut Sachverhalt nicht erfolgt. Allerdings kann eine Vorbereitung bei innerorganisatorischen Angelegenheiten, wie dies bei der Abberufung des Ratsvorsitzenden der Fall ist, unterbleiben. Die unterbliebene Vorbereitung durch den Verwaltungsausschuss ist folglich rechtmäßig.

e) Abstimmung

Mangels gesetzlicher Verpflichtung in § 61 II NKomVG zur Durchführung einer Wahl ist eine Abstimmung gem. § 66 NKomVG durchzuführen. Nach § 66 I NKomVG ist zunächst die erforderliche Mehrheit zu erreichen. Statt des Erfordernisses der einfachen Mehrheit nach § 66 I 1 NKomVG ist der insoweit speziellere § 61 II NKomVG (Mehrheit der Mitglieder) anwendbar. Erforderlich sind also 16 Stimmen. Durch die nur 14 erreichten Stimmen ist der Beschluss nicht nur rechtswidrig, sondern es liegt ein sog. „Nicht-Beschluss“ vor.

Gem. § 66 II NKomVG ist ein Beschluss grundsätzlich offen zu fassen, wenn keine Ausnahme vorliegt. Eine solche ist nicht ersichtlich, sodass die geheim durchgeführte Abstimmung rechtswidrig ist.

f) Mitwirkungsverbot

Ratsfrau Merz könnte dem Mitwirkungsverbot des § 41 NKomVG unterlegen haben.

aa) Anwendbarkeit: § 41 ist gem. § 54 III NKomVG auf Abgeordnete und damit Ratsfrau Merz anwendbar.

bb) Persönlicher Anwendungsbereich

Für Ratsfrau Merz könnte § 41 I 1 Nr. 3 NKomVG einschlägig sein. Allerdings handelt es sich bei der Cousine nur um eine Verwandte *4.* Grades (Eltern 1. Grad, Großeltern 2. Grad, Tante/Onkel 3. Grad, Cousine 4. Grad).

Damit unterliegt Ratsfrau Merz keinem Mitwirkungsverbot. Ratsfrau Merz hätte folglich an der Entscheidung teilnehmen dürfen.

Ferner liegt ein Verfahrensverstoß nach § 41 IV 2 NKomVG vor, da nicht der stellvertretende Ratsvorsitzende, sondern der Rat über das Vorliegen des Mitwirkungsverbots hätte entscheiden müssen. Im Ergebnis liegt daher ein Verstoß gegen die Regelungen des Mitwirkungsverbots gem. § 41 I NKomVG vor.

g) Öffentlichkeit

Nach § 64 NKomVG hat die Sitzung öffentlich stattzufinden, sofern nicht das öffentliche Wohl oder berechtigte Interessen Einzelner den Ausschluss der Öffentlichkeit rechtfertigen. Im Umkehrschluss zu der öffentlichen Wahl ist auch die Abberufung des Ratsvorsitzenden in öffentlicher Sitzung durchzuführen, zumal keine Aussprache erfolgte. Ferner bedarf es gem. § 59 V NKomVG der ortsüblichen Bekanntmachung der Sitzung, wofür nach OVG Rechtsprechung eine Bekanntmachung in der Tageszeitung 2 bis 3 Tage vor der Sitzung ausreichend ist, was vorliegend laut Bearbeitervermerk 6 erfolgt ist. Verstöße gegen §§ 64, 59 V NKomVG liegen daher nicht vor.

h) Sonstiges

Der stellvertretende Ratsvorsitzende Nowak durfte die Sitzung nach § 61 I 3 NKomVG aufgrund der Abwesenheit des Ratsvorsitzenden leiten.

Zwischenergebnis

Der Beschluss zu TOP 2 ist formell rechtswidrig.

2. Materielle Rechtmäßigkeit des Beschlusses zu TOP 2

Der Ratsbeschluss zu TOP 2 könnte materiell rechtmäßig sein. Einzige materielle Voraussetzung dafür ist, dass die abzuberufende Person bisher die Position innehat. Vorliegend soll der bisherige Ratsvorsitzende Bleitner abberufen werden, folglich ist die Voraussetzung gegeben. Eine Begründung oder ein Pflichtverstoß des Ratsvorsitzenden ist nicht erforderlich. Der Beschluss zu TOP 2 ist daher materiell rechtmäßig.

Ergebnis: *Der Beschluss der Vertretung über die Abberufung des Ratsvorsitzenden Bleitner in ihrer Sitzung am 11. 11. 2021 ist formell rechtswidrig, aber materiell rechtmäßig.*

II. Die Handlungsempfehlung für die Hauptverwaltungsbeamtin bzw. den Hauptverwaltungsbeamten bei einem Beschluss

„Die Schließung des Freizeitheimes Nord"

Fragestellung

Ihnen als zuständige(r) Bearbeiter(in) im Rechtsamt der fiktiven kreisfreien Stadt Wolfsburg wird der folgende Sachverhalt zugetragen. Prüfen Sie die Rechtmäßigkeit folgender Ratsentscheidung und geben Sie dem Hauptverwaltungsbeamten eine Handlungsempfehlung.

Bearbeitungshinweise

Der Vorgang ereignete sich in der niedersächsischen Stadt Wolfsburg mit ca. 123.000 Einwohnerinnen und Einwohnern. Das Freizeitheim Nord wurde als Eigenbetrieb von der Stadt Wolfsburg geführt.

Sachverhalt

Für die Ratssitzung am 13. 12. 2021 wurde die Einladung zusammen mit der Tagesordnung am 04. 12. 2021 an alle Ratsmitglieder versandt. Da Ratsmitglied A aufgrund seines Umzuges die Ratspost per Nachsendeauftrag erst am 11. 12. 2021 erhalten hat, bat er den Oberbürgermeister telefonisch am selbigen Tag, den Rat zu verschieben. So habe er erhebliche Zweifel an der Rechtmäßigkeit etwaiger Beschlüsse, da die Ladungsfrist nicht eingehalten sei. Zum einen sei die Ladung mit der Post versandt worden, wodurch die im Verwaltungsverfahren praktizierte Drei-Tages-Fiktion der Bekanntgabe ausgelöst würde, zum anderen hatte er zwar vergessen, seine neue Anschrift der Verwaltung mitzuteilen, gleichwohl obliegt der Verwaltung, die Ladungsfrist einzuhalten und etwaige Besonderheiten einzukalkulieren. Da aufgrund seines Nachsendeantrages sichergestellt gewesen sei, dass sich der Postlauf lediglich um zwei bis drei Tage verlängere, müsse die Verwaltung ihre Einladung entweder persönlich zustellen oder bei Aufgabe zur Post, eine rechtzeitige Aufgabe veranlassen. Da der Oberbürgermeister der Auffassung ist, dass eine Verschiebung des Rates nicht mehr technisch durchführbar sei, hielt er an der Ratssitzung am 13. 12. 2021 fest.

Auf der Tagesordnung des Rates befand sich der Tagesordnungspunkt „Schließung des Freizeitheimes Nord". Die entsprechende Vorlage ist den Ratsmitgliedern erst am 11. 12. 2021 übersandt worden. Der am 12. 12. 2021 einberufene Verwaltungsausschuss hat diesen Punkt zwar behandelt, jedoch keine Beschlussempfehlung abgegeben.

Zu Beginn der Ratssitzung am 13. 12. 2021 führte der Ratsvorsitzende nach der von ihm erfolgten Begrüßung und der durchgeführten Feststellung, dass alle Ratsmitglieder anwesend seien und damit die Beschlussfähigkeit vorliege, aus, dass der Rat trotz verspäteter Zustellungen von Einladungen beschlussfähig sei. Ferner erklärte er beim Tagesordnungspunkt „Feststellung der Tagesordnung", dass die Tagesordnung verändert werden müsse. So soll der Tagesordnungspunkt „Schließung des Freizeitheimes Nord" auf Wunsch von einzelnen Ratsmitgliedern in der nicht öffentlichen Sitzung beraten werden, weil sie aufgrund ihres Abstimmungsergebnisses Repressalien der Betroffenen fürchten. Dem Antrag wurde stattgegeben.

Daraufhin bat die C-Fraktion um Absetzung des Punktes „Schließung des Freizeitheimes Nord", da der Rat ohne Beschlussempfehlung des Verwaltungsausschusses keine Entscheidung treffen könne. Im Übrigen sei die Beschlussvorlage verspätet zugestellt worden, sodass eine Entscheidung des Rates rechtswidrig wäre. Der Ratsvorsitzende lehnte diesen Antrag ab. In der nicht öffentlichen Sitzung wurde die Schließung des Freizeitheimes Nord mehrheitlich beschlossen.

Auszug aus der Geschäftsordnung des Rates der Stadt Wolfsburg:

§ 1 Einberufung

Der Rat ist einzuberufen, sooft es erforderlich ist, jedoch mindestens einmal in drei Monaten.

Der Oberbürgermeister hat den Rat einzuberufen, wenn es mindestens ein Drittel der gesetzlichen Zahl der Ratsmitglieder oder der Verwaltungsausschuss unter Angabe des Beratungsgegenstandes verlangen bzw. verlangt.

§ 2 Ladung

(1) Die Ladungsfrist beträgt für den Rat grundsätzlich eine Woche. In Eilfällen kann die Frist auf 48 Stunden abgekürzt werden. Auf die verkürzte Frist ist in der Ladung ausdrücklich hinzuweisen.

(2) Der Ladung sind die Tagesordnung und zu jedem Beratungsgegenstand nach Möglichkeit eine Vorlage der Verwaltung beizufügen. In Eilfällen kann der Oberbürgermeister in Anwendung des Abs. 1 die Tagesordnung nachträglich ergänzen.

§ 3 Tagesordnung

(1) Der Oberbürgermeister stellt die Tagesordnung auf; eine Fraktion, eine Gruppe und jedes Ratsmitglied kann verlangen, dass ein bestimmter Beratungsgegenstand auf die Tagesordnung gesetzt wird.

(2) Das Verlangen nach Abs. 1 ist spätestens drei Tage vor Beginn der Ladungsfrist beim Oberbürgermeister anzuzeigen. In Eilfällen kann die Abkürzung der Ladungsfrist beantragt werden. § 2 Abs. 1 gilt entsprechend.

(3) Erweiterungen der Tagesordnung kann der Rat in der Sitzung beschließen, wenn sämtliche Ratsmitglieder anwesend sind und zustimmen. In dringlichen Fällen kann die Tagesordnung zu Beginn der Sitzung durch Beschluss des Rates mit einer Mehrheit von zwei Dritteln seiner Mitglieder erweitert werden.

(4) Anträge können nur bis zum Beschluss des Rates über die Feststellung der Tagesordnung vom Antragsteller zurückgenommen werden. Danach ist die Rücknahme nur mit Zustimmung der Mehrheit des Rates möglich.

……

§ 9 Anträge

Ohne Einhaltung einer Frist können folgende Anträge gestellt und zur Abstimmung gebracht werden:

a) Änderung der Reihenfolge der Tagesordnung

b) Verweisung an einen Ausschuss

c) Schluss der Debatte

d) Zusatz- und Abänderungsanträge

e) Verlängerung der Redezeit

f) Vertagung oder Aufhebung eines Tagesordnungspunktes

g) Unterbrechung, Vertagung oder Aufhebung der Sitzung

……

Lösungshinweis

A. Rechtsgrundlage für ein Eingreifen

§ 88 I 1, 2 NKomVG

B. Formelle Rechtmäßigkeit des Eingreifens

Für ein Eingreifen ist gem. § 88 I 1 die bzw. der HVB zuständig. Da es sich bei der Stadt Wolfsburg um eine kreisfreie Stadt gem. § 14 VI NKomVG handelt, ist HVB gemäß § 7 I, II Nr. 2 NKomVG die Oberbürgermeisterin bzw. der Oberbürgermeister. Die anderen Organe heißen Rat und Verwaltungsausschuss.

C. Materielle Rechtmäßigkeit des Eingreifens

Ferner müssen die Tatbestandsmerkmale der Rechtsgrundlage des § 88 I 1, 2 NKomVG vorliegen.

I. Beschluss der Vertretung oder Bürgerentscheid

In Betracht kommt vorliegend nur ein Beschluss der Vertretung. Ein Beschluss ist eine abschließende Entscheidung eines Kollegialorgans, welcher in Form einer Abstimmung oder Wahl gefasst wird und welcher Bindungswirkung für die Kommune entfaltet. Vorliegend hat der Rat der Stadt Wolfsburg und damit ein Kollegialorgan in seiner Sitzung am 13. 12. 2021 per Abstimmung über die Schließung des Freizeitheimes Nord entschieden, folglich liegt ein Beschluss vor.

II. Im eigenen Wirkungskreis

Der Beschluss entstammt dem eigenen Wirkungskreis gem. § 5 I 1 NKomVG, da die Schließung eines Freizeitheimes als Angelegenheit der örtlichen Gemeinschaft in der Gemeinde wurzelt und auf diese einen spezifischen Bezug hat (Wurzeltheorie des BVerfG).

III. Rechtswidrigkeit aus Sicht des Oberbürgermeisters

Der Beschluss zu TOP 3 müsste aus Sicht der Oberbürgermeisterin bzw. des Oberbürgermeisters formell oder materiell rechtswidrig sein. Dafür ist der Beschluss über die Schließung des Freizeitheimes Nord in formeller und materieller Hinsicht auf seine Rechtmäßigkeit zu prüfen.

1. Formelle Rechtmäßigkeit

a) Verbandszuständigkeit

Die sachliche Zuständigkeit der Stadt Wolfsburg ergibt sich im Rahmen ihrer Allzuständigkeit, zumal die Schließung eines Freizeitheimes wie oben dargestellt eine Aufgabe des eigenen Wirkungskreises ist gem. §§ 1, 2 II HS 2, 4, 5 I Nr. 1 NKomVG. Ferner ist das Körperschaftsrecht der Organisationshoheit gem. § 2 II HS 1 NKomVG gegeben. Örtlich zuständig ist die Stadt Wolfsburg gem. § 1 I Nds. VwVfG i. V. m. § 3 I 4 VwVfG.

b) Organzuständigkeit

Mangels spezialgesetzlicher Zuweisungsnorm könnte die Vertretung für die Schließung gem. § 58 I NKomVG zuständig sein. Hier liegt ein Fall des § 58 I 11 NKomVG vor, da das Freizeitheim als Eigenbetrieb geführt worden ist (siehe Bearbeitungshinweise). Folglich ist der Rat für die Beschlussfassung zuständig.

c) Beschlussfähigkeit

Der Rat müsste gem. § 65 I 1 NKomVG beschlussfähig gewesen sein. Nach § 65 I 1 Alt. 1 NKomVG ist das der Fall, wenn nach ordnungsgemäßer Einberufung gem. § 59 I NKomVG die Mehrheit seiner Mitglieder anwesend ist. Nach § 59 I 1 NKomVG müsste hierfür der Oberbürgermeister die Ratsmitglieder unter Mitteilung der Tagesordnung schriftlich oder elektronisch eingeladen haben. Vorliegend ist dieses durch den Oberbürgermeister am 04. 12. 2021 geschehen. Ferner müsste nach § 59 I 2 NKomVG i. V. m. der Geschäftsordnung die Ladungsfrist eingehalten worden sein, die nach der § 2 I 1 der Geschäftsordnung der Stadt Wolfsburg eine Woche beträgt. Die Fristberechnung vollzieht sich anhand der §§ 186ff. BGB analog. Der Versand erfolgte am 04.12., der Ereignistag und damit der Zugang ist gem. § 130 I 1 BGB analog der 05.12., der Fristbeginn ist folglich gem. § 187 I BGB analog der 06.12. (keine Anwendung der 3-Tages-Fiktion), das Fristende ist gem. § 188 II BGB analog mit Ablauf des 12. 12. 2021. Da die Ratssitzung erst am 13.12. Frist stattfand, ist die Ladungsfrist gewahrt.

Der Einwand des A hinsichtlich seines Umzugs ist unerheblich, da ein eigenes Verschulden vorlag. Die Zusendung einer Vorlage ist nicht verpflichtend (siehe auch § 2 II 1 GO der Vertretung). Eine ordnungsgemäße Einladung nach § 59 I NKomVG ist folglich gegeben.

Ferner müsste für § 65 I 1 Alt. 1 NKomVG die Mehrheit der Mitglieder der Vertretung anwesend sein. Aufgrund der Einwohnerzahl von 123.000 hat die Stadt Wolfsburg gem. § 46 I NKomVG 46 Abgeordnete. Diese heißen nach § 45 I 3 NKomVG Ratsfrauen und Ratsherren. Hinzu kommt nach § 45 I 2 NKomVG der Oberbürgermeister, also besteht der Rat der Stadt Wolfsburg aus insgesamt 47 Ratsmitgliedern. Die Mehrheit davon ist 24. Da nach dem Abstimmungsergebnis alle Ratsmitglieder anwesend sind, ist die Anwesenheit der Mehrheit der Mitglieder gegeben. Der Rat der Stadt Wolfsburg ist folglich gem. § 65 I 1 Alt. 1 NKomVG zu Beginn seiner Sitzung beschlussfähig und bleibt dies gem. § 65 I 3 NKomVG auch beim Beschlusspunkt.

d) Vorbereitung

Die Vorbereitung durch den Verwaltungsausschuss ist gem. § 76 I 1 NKomVG erfolgt, eine Beschlussempfehlung ist nicht erforderlich.

e) Abstimmung

Mangels gesetzlicher Verpflichtung einer Wahl gem. § 67 NKomVG ist eine Abstimmung gem. § 66 NKomVG durchzuführen. Nach § 66 I NKomVG bedarf es der für den Beschluss erforderlichen Mehrheit, d. h. mehr Ja- als Nein-Stimmen, was aufgrund der mehrheitlichen Beschlussfassung gegeben ist. Ferner ist die Abstimmung gem. § 66 II NKomVG grundsätzlich offen herbeizuführen. Gegenteilige Anhaltspunkte sind nicht ersichtlich, sodass die Abstimmung rechtmäßig erfolgte.

f) Mitwirkungsverbot

Kein Anhaltspunkt für einen Verstoß.

g) Öffentlichkeit

Nach § 64 NKomVG ist die Abstimmung in öffentlicher Sitzung herbeizuführen, sofern nicht berechtigte Interessen Einzelner oder das öffentliche Wohl einen Ausschluss erfordern. Mögliche Repressalien führen nicht zur Möglichkeit der Behandlung in der nicht öffentlichen Sitzung. Folglich hätte die Abstimmung in der öffentlichen Sitzung erfolgen müssen, der vorliegende Verstoß führt zur Nichtigkeit des gefassten Beschlusses. Anhaltspunkte für einen Verstoß gegen § 59 V NKomVG sind nicht gegeben.

h) Sonstiges

Die Sitzungsleitung erfolgte zu Recht gem. § 63 NKomVG durch den Ratsvorsitzenden. Den Abgeordneten steht ein Antragsrecht gem. § 56 NKomVG zu, jedoch hätte über den Absetzungsantrag der Rat entscheiden müssen.

Zwischenergebnis: Aufgrund des Verstoßes gegen das Öffentlichkeitsprinzip ist die Beschlussfassung nicht nur rechtswidrig, sondern sogar nichtig.

2. Materielle Rechtmäßigkeit

Die Beschlussfassung obliegt der Stadt Wolfsburg im Rahmen ihrer Allzuständigkeit gem. §§ 1, 2 II HS 2, 4, 5 I 1 NKomVG. Ermessensfehler sind nicht ersichtlich, daher ist die Beschlussfassung materiell rechtmäßig.

Zwischenergebnis: Der Beschluss ist formell rechtswidrig, materiell rechtmäßig. Wegen Verstoßes gegen den Öffentlichkeitsgrundsatz ist die Beschlussfassung sogar nichtig.

D. Zu wählende Rechtsfolge gemäß § 88 I NKomVG

Da die Tatbestandsmerkmale des § 88 I NKomVG gegeben sind, hat die Oberbürgermeisterin bzw. Oberbürgermeister der Stadt Wolfsburg zwar kein Entschließungs-, aber ein Auswahlermessen. Bei der Auswahl ist § 40 VwVfG zu berücksichtigen. Sowohl der Einspruch als auch der Bericht an die Kommunalaufsicht und damit beide in § 88 I NKomVG genannten Mittel entsprechen dem Zweck dieser Norm, rechtmäßige Zustände herzustellen. Die Grenzen des Ermessens erfordern insbesondere die Einhaltung des Grundsatzes der Verhältnismäßigkeit, nach der das Eingreifen geeignet, erforderlich und angemessen sein muss.

Ein Mittel ist geeignet, wenn es den Zweck zumindest fördert. Es ist nicht ersichtlich, dass der Rat einen Einspruch nicht umzusetzen würde, insofern sind sowohl Einspruch als auch Bericht an die KAB geeignet, rechtmäßige Zustände herzustellen. Zwar liegt aufgrund der Nichtigkeit der Beschlussfassung ein rechtliches Nullum vor, jedoch gilt es, den Rechtsschein der Wirksamkeit der Beschlussfassung zu beheben. Insofern sind beide Maßnahmen geeignet. Ferner müsste die Maßnahme erforderlich sein, wobei das mildere Mittel zu wählen ist. Ein Bericht an die KAB wäre bei gleicher Eignung, welche hier vorliegt, ein stärker eingreifendes Mittel, sodass der Einspruch, nicht aber der Bericht an die KAB, erforderlich ist. Da der Einspruch auch gesetzlich vorgesehen ist, ist er auch angemessen und damit insgesamt verhältnismäßig. Ein Einspruch wäre also die rechtmäßige Rechtsfolge.

Entscheidungsvorschlag: *Der Oberbürgermeisterin bzw. dem Oberbürgermeister ist zu empfehlen, einen Einspruch gegen den Beschluss zum TOP Schließung des Freizeitheimes Nord zu erheben.*

III. Handlungsempfehlung für die Hauptverwaltungsbeamtin bzw. den Hauptverwaltungsbeamten bei mehreren Beschlüssen

Erwerb des Gemäldes „Fliegender Niedersachse“ und „Verleihung eines Ehrenbürgerrechts“

Fragestellung

Ihnen als zuständige(r) Bearbeiter(in) im Rechtsamt der kreisangehörigen Gemeinde Duckstein wird vom Bürgermeister folgender Sachverhalt angetragen. Er bittet Sie um Überprüfung der Rechtmäßigkeit folgender Ratsentscheidungen und um eine Handlungsempfehlung.

Sachverhalt

Duckstein hat 19.452 Einwohner und liegt im Landkreis Jever. Alle Ratsmitglieder haben die Einladung am Tage der Datumsangabe der Einladung durch Boten erhalten. Zeit, Ort und Tagesordnung waren am 20. 04. 2021 in der örtlichen Tageszeitung öffentlich bekannt gemacht worden. Gehen Sie bei der Prüfung auf alle durch den Sachverhalt aufgeworfenen Probleme ein. Prüfen Sie deshalb gegebenenfalls auch weiter, wenn Sie meinen, einen Fehler festgestellt zu haben.

Adele Wolters

Duckstein, den 24. 04. 2021

Ratsherrin der A-Fraktion

An den Bürgermeister

der Gemeinde Duckstein

Betrifft: Ratssitzung der Gemeinde Duckstein am 22. 04. 2021

Sehr geehrter Herr Bürgermeister,

in der o. g. Ratssitzung sind einige Dinge vorgekommen, die nicht mit Recht und Gesetz zu vereinbaren sind. Zunächst einmal waren meine Fraktionskollegen und ich überrascht, dass Ratsfrau Krombacher von der C-Fraktion an der Ratssitzung teilgenommen hat, obwohl sie doch in der vorhergehenden Ratssitzung für alle hörbar erklärt hatte, dies sei ihre letzte Ratssitzung und sie lege ihr Mandat nieder. Insofern hätte die Krombacher gar nicht mehr geladen werden dürfen.

Im Übrigen war der Rat bei der Beschlussfassung zum Ankauf eines Gemäldes für das städtische Museum von der Galerie Oettinger GmbH, die im Nachbarort Warsteiner ihren Sitz hat, beschlussunfähig, da meine Fraktion geschlossen den Raum verlassen hatte. Es gibt wichtigere Dinge als ausgerechnet ein Gemälde anzuschaffen, zumal dieses im Nachbarort ausgestellt ist. Aufgrund unseres städtischen Angebots kommen auch unsere Kunstliebhaber nicht zu kurz. Herr Bürgermeister schreiten Sie ein.

Mit freundlichen Grüßen

Adele Wolters

Gemeinde Duckstein

Duckstein, den 14. 04. 2021

Der Bürgermeister

An

Ratsfrau/Ratsherrn

....

Hiermit lade ich Sie zu einer Ratssitzung am 22. 04. 2021 um 18.00 Uhr in den Ratssaal des Rathauses, Hollstenstraße 15, herzlich ein.

Tagesordnung:

1. Feststellung der ordnungsgemäßen Ladung und der Beschlussfähigkeit

2 ....

3. ....

4. Erwerb des Gemäldes „Fliegender Niedersachse" von der Oettinger GmbH

5. ....

Klaus Veltins

Ratsvorsitzender

Niederschrift über die Sitzung des Rates am 22. 04. 2021

Top 1:

Der Ratsvorsitzende Veltins eröffnet die Sitzung, stellt die ordnungsgemäße Ladung und die Beschlussfähigkeit des Rates bei Abwesenheit des Bürgermeisters und Anwesenheit aller Ratsfrauen und Ratsherren fest. Zuvor hatte Ratsherr Foster bemängelt, dass die Bekanntmachung der Sitzung nicht zusammen mit der Einladung vorgenommen worden sei. Erster Stadtrat Becks entgegnete, dass es auf den Zeitpunkt der Bekanntmachung bei dem geringen Interesse der Öffentlichkeit wohl nicht ankomme.

Anschließend stellt Ratsfrau Köpi spontan den Antrag, die Tagesordnung um den Punkt 4a „Verleihung des Ehrenbürgerrechts" zu erweitern. Der Ratsvorsitzende ließ über diesen Antrag abstimmen. Für die Erweiterung der Tagesordnung entschieden sich 21 Ratsmitglieder, dagegen 11.

Top 4:

Erwerb des Gemäldes „Fliegender Niedersachse"

Erster Stadtrat Becks trägt vor, dass die städtische Galerie den Ankauf empfiehlt. Einerseits sei der Kaufpreis von 30.000,- Euro sehr günstig, da ein Gutachter den doppelten Kaufpreis als tatsächlichen Wert bescheinigt habe, im Übrigen sei der Haushaltsansatz von 40.000,- Euro nicht überschritten. Nach Aussage des ortsansässigen Kunstvereins sei im Übrigen mit einem erheblichen Besucherzuwachs der inzwischen in die Jahre gekommenen städtischen Galerie zu rechnen, was zu massiven Einnahmesteigerungen führen würde. Zwar konnte sich der Verwaltungsausschuss zu keiner Beschlussempfehlung durchringen, jedoch ist Becks von der Notwendigkeit der Anschaffung überzeugt. Ratsfrau Wolters erklärt, dass ihre Fraktion die Neubeschaffung für blanken Unsinn halte. Hier würden Steuergelder unnötig verschleudert. Im Übrigen sei nicht verwunderlich, dass Ratsherr Bitburger für den Ankauf stimme, zumal er bei der Galerie Oettinger GmbH arbeite. Der Ratsvorsitzende wies diese unlauteren Gründe für Ratsherr Bitburger zurück und stellte fest, dass sich Ratsherr Bitburger selbstverständlich an der Abstimmung beteiligen könne. Kurz bevor der Ratsvorsitzende abstimmen ließ, verließen 15 Mitglieder der A-Fraktion den Saal. Im Rausgehen machte Ratsfrau Wolters Beschlussunfähigkeit geltend. Der Rat beschließt mit 17 Ja-Stimmen den Erwerb des Bildes für die städtische Galerie.

Top 4a:

Verleihung des Ehrenbürgerrechts

Ratsfrau Köpi beantragt für ihre Fraktion den in der letzten Woche verstorbenen Meisterspieler vom SV Duckstein, Gerd Hasseröder, das Ehrenbürgerecht zu verleihen. Daraufhin verlangte ein fraktionsloses Ratsmitglied die geheime Abstimmung. Ratsfrau Köpi erklärte daraufhin für die A-Fraktion, dass eine geheime Abstimmung dem Anlass nicht gerecht werden würde und beantragte daher die namentliche Abstimmung. Der Ratsvorsitzende entschied daraufhin, dass die geheime Abstimmung schwerer wiege und ließ geheim abstimmen. Der Rat beschließt einstimmig in geheimer Abstimmung mit 32 Ja-Stimmen die Verleihung des Ehrenbürgerrechts an Gerd Hasseröder.

....

Auszug aus der aktuellen Hauptsatzung der Gemeinde Duckstein:

§ 1 Benennung und Hoheitszeichen

Die Gemeinde führt den Namen Duckstein. Das Stadtwappen zeigt einen weißen Adler. Die Stadtfarben sind blau und gelb.

§ 2 Rat der Gemeinde

Die Abgeordneten führen die Bezeichnung „Ratsherr" oder „Ratsfrau".

§ 3 Festlegung von Wertgrenzen

Über Rechtsgeschäfte i. S. d. § 58 Abs. 1 Nr. 14 NKomVG beschließt der Rat, wenn der Vermögenswert 20.000,- Euro übersteigt. Die Wertgrenze für Geschäfte der laufenden Verwaltung nach § 85 I 7 NKomVG liegt bei 20.000,- Euro.

....

Auszug aus der Geschäftsordnung des Rates der Gemeinde Duckstein:

§ 1 Einberufung

Der Rat ist einzuberufen, sooft es erforderlich ist, jedoch mindestens einmal in drei Monaten.

Der Bürgermeister hat den Rat einzuberufen, wenn es mindestens ein Drittel der gesetzlichen Zahl der Ratsmitglieder oder der Verwaltungsausschuss unter Angabe des Beratungsgegenstandes verlangt.

§ 2 Ladung

(1) Die Ladungsfrist beträgt für den Rat grundsätzlich eine Woche. In Eilfällen kann die Frist auf 48 Stunden abgekürzt werden. Auf die verkürzte Frist ist in der Ladung ausdrücklich hinzuweisen.

……

§ 14 Abstimmung

(1) Für die Abstimmung sind folgende Formen vorgesehen:

a) Handaufheben

b) namentliche Abstimmung

c) geheime Abstimmung

(2) In der Regel wird durch Handaufheben abgestimmt.

(3) Namentliche Abstimmung ist durchzuführen, wenn sie von einer Fraktion oder Gruppe beantragt wird. Dabei sind Namen für und gegen den Antrag sowie die Stimmenenthaltungen in der Niederschrift festzuhalten.

(4) Geheime Abstimmung findet in besonders begründeten Ausnahmefällen auf Antrag von mindestens fünf Ratsmitgliedern, einer Fraktion oder Gruppe statt.

(5) Treffen ein Antrag nach Abs. 3 und ein Antrag nach Abs. 4 zusammen, so hat die namentliche Abstimmung den Vorrang.

(6) Bei Stimmengleichheit ist ein Antrag abgelehnt.

(7) Liegen mehrere Anträge zum gleichen Beratungsgegenstand vor, ist zunächst über den weitestgehenden Antrag abzustimmen.

……

Lösungshinweis

Einstieg: Der Hauptverwaltungsbeamte könnte gegen die Beschlussfassungen der Vertretung in ihrer Sitzung am 22. 04. 2021 über den Erwerb eines Bildes und die Verleihung eines Ehrenbürgerrechts gem. § 88 I 1, 2 NKomVG einschreiten.

A. Formelle Rechtmäßigkeit des Einschreitens

Für ein Eingreifen ist gem. § 88 I 1 die/der HVB zuständig. Da es sich bei der Stadt Duckstein um eine kreisangehörige Gemeinde und keine große selbstständige Stadt handelt, ist die bzw. der HVB gem. § 7 I, II Nr. 1 NKomVG die Bürgermeisterin bzw. der Bürgermeister.

B. Materielle Rechtmäßigkeit des Einschreitens

Dafür müssten die Tatbestandsmerkmale der Rechtsgrundlage vorliegen.

I. Beschluss der Vertretung oder Bürgerentscheid

In Betracht kommen nur Beschlüsse der Vertretung. Ein Beschluss ist eine abschließende Entscheidung eines Kollegialorgans (durch Abstimmung oder Wahl) mit Bindungswirkung für die Kommune. Vorliegend hat der Rat und damit ein Kollegialorgan in seiner Sitzung am 22. 04. 2021 per Abstimmung über die beiden Tagesordnungspunkte entschieden, folglich liegen zwei Beschlüsse vor.

II. Im eigenen Wirkungskreis

Diese Beschlüsse müssten Angelegenheiten des eigenen Wirkungskreises gem. § 5 I Nr. 1 NKomVG berühren. Vorliegend handelt es sich um Angelegenheiten der örtlichen Gemeinschaft entsprechend der Wurzeltheorie des BVerfG, da der Erwerb eines Bildes für die Kommune und die Verleihung eines Bürgerrechts in der Gemeinde wurzeln und auf diese einen spezifischen Bezug haben.

III. Rechtswidrigkeit aus Sicht des Bürgermeisters

Die Beschlüsse müssten aus Sicht des Bürgermeisters formell oder materiell rechtswidrig sein.

1. Top Erwerb eines Gemäldes „Fliegender Niedersachse"

a) Verbandszuständigkeit

Die Verbandszuständigkeit setzt sich aus der sachlichen und örtlichen Zuständigkeit zusammen. Die sachliche Zuständigkeit der Gemeinde Duckstein ist im Rahmen ihrer Allzuständigkeit gem. §§ 1, 2 I HS 2, 4, 5 I 1 NKomVG gegeben, zumal es sich um eine Angelegenheit der örtlichen Gemeinschaft handelt (s. o.). Ferner ist das Körperschaftsrecht der Finanzhoheit gem. § 2 II HS 1 NKomVG erfüllt. Örtlich zuständig ist die Gemeinde gem. § 3 I Nr. 4 VwVfG i. V. m. § 1 I Nds. VwVfG.

b) Organzuständigkeit

Mangels spezialgesetzlicher Zuweisungsnorm sowohl außerhalb als auch innerhalb des NKomVG könnte der Rat gem. § 58 I NKomVG für die Entscheidung über den Erwerb eines Bildes zuständig sein. In Betracht kommt § 58 I 14 NKomVG. Zunächst müsste es sich um eine entsprechende Verfügung i. S. d. Nr. 14 NKomVG handeln. Dieses ist nicht der Fall, da bereits Mittel im Haushalt eingestellt waren. Eine Zuständigkeit nach § 58 II NKomVG ist ebenfalls nicht gegeben, sodass der BM im Rahmen seiner Geschäfte der laufenden Verwaltung gem. § 85 I 7 NKomVG zuständig sein könnte. Für diese Geschäfte ist kennzeichnend, dass sie regelmäßig wiederkehren, also keine Grundsatzentscheidungen darstellen, und nicht von erheblicher wirtschaftlicher Bedeutung sind. Nach § 3 der Hauptsatzung wurde ein Vermögenswert von 20.000,- Euro hierfür festgesetzt. Da das Bild 30.000,- Euro kostet, liegt kein Geschäft der laufenden Verwaltung vor. Insofern ist der Verwaltungsausschuss im Rahmen seiner Lückenkompetenz für die Beschlussfassung gem. § 76 II 1 NKomVG zuständig, zumal kein Fall des § 58 III NKomVG vorliegt.

c) Beschlussfähigkeit

Ferner müsste der Rat gem. § 65 I 1 NKomVG beschlussfähig gewesen sein. Nach Alt. 1 ist erforderlich, dass nach einer ordnungsgemäßen Einberufung gem. § 59 I NKomVG die Mehrheit der Ratsmitglieder anwesend ist. Der RV hat die übrigen Ratsmitglieder unter Mitteilung der Tagesordnung schriftlich eingeladen (§ 59 I 1, III 3 NKomVG); auch BM und RF Krombacher müssen Einladung erhalten, was laut Bearbeiterhinweis erfolgt ist (alle RM wurden eingeladen), daher auch der BM. Ebenso war RF Krombacher einzuladen, da der Verzicht gem. § 52 I 1 NKomVG nur mündlich erklärt wurde. Die Einladung und das Aufstellen der TO erfolgte daher gem. § 59 I 1 NKomVG rechtmäßig vom Ratsvorsitzenden, der aber im Benehmen mit dem Ersten Stadtrat gem. § 59 III 4 NKomVG gehandelt haben muss.

Die Ladungsfrist gem. § 59 I 2 i. V. m. GO § 2 II 1 von einer Woche wurde eingehalten. Der Zugang und damit das Ereignis nach § 130 I 1 BGB analog war am 14. 04. 21, der Fristbeginn gem. § 187 I BGB analog war der 15.04 und das Fristende war gem. § 188 II BGB analog mit Ablauf des 21.04. Da die Ratssitzung erst am 22.04 stattfand, war die Ladungsfrist gewahrt. Nach § 59 I NKomVG wurde ordnungsgemäß geladen.

Ferner müsste für § 65 I 1 Alt. 1 NKomVG die Mehrheit der Mitglieder der Vertretung anwesend gewesen sein. Aufgrund der Einwohnerzahl von 19.452 besteht der Rat der Gemeinde Duckstein gem. § § 46 I NKomVG aus 32 Abgeordneten, die nach § 45 I 3 NKomVG Ratsfrauen und Ratsherren heißen. Hinzu kommt gem. § 45 I 2 NKomVG der BM, sodass der Rat aus 33 Ratsmitgliedern besteht. Nicht anwesend war lediglich der BM, sodass mit 32 Ratsmitgliedern die Mehrheit anwesend waren. Daher lag zu Sitzungsbeginn die Beschlussfähigkeit nach § 65 I 1 Alt. 1 NKomVG vor.

War der Rat zwar zu Beginn der Sitzung beschlussfähig, so müsste er aber auch bei Top 4 noch beschlussfähig gewesen sein. Grundsätzlich gilt § 65 I 3 NKomVG, solange nicht die Unfähigkeit geltend gemacht wird; hier wurde jedoch die Beschlussunfähigkeit geltend gemacht, jedoch waren noch 17 Ratsmitglieder und damit die Mehrheit anwesend. Insofern war der Rat auch noch bei Top 4 beschlussfähig.

d) Vorbereitung

Von einer ordnungsgemäßen Vorbereitung des VA § 76 I 1 NKomVG ist auszugehen; eine Beschlussempfehlung des VA ist nicht erforderlich

e) Abstimmung

Mangels gesetzlicher Verpflichtung zur Durchführung einer Wahl nach § 67 NKomVG ist eine Abstimmung gem. § 66 NKomVG durchzuführen. Zunächst müsste gem. § 66 I NKomVG die erforderliche Mehrheit vorgelegen haben. Hierfür genügt grundsätzlich zur Annahme der Vorlage die einfache Mehrheit, d. h. mehr Ja- als Nein-Stimmen. Vorliegend sind 17 Ja-Stimmen abgegeben worden, Nein-Stimmen lagen nicht vor, insofern ist die notwendige Mehrheit erreicht worden. Ferner ist grundsätzlich nach § 66 II NKomVG eine offene Abstimmung durchzuführen, was auch erfolgt ist, daher ist die durchgeführte Abstimmung formell rechtmäßig.

f) Mitwirkungsverbot für Ratsmitglied Bitburger

Die Regelungen des Mitwirkungsverbotes gem. § 41 NKomVG sind aufgrund § 54 III NKomVG auf Ratsherrn Bitburger anwendbar.

Der persönliche Anwendungsbereich ist nach § 41 II NKomVG eröffnet, da Ratsherr Bitburger bei der Firma Oettinger GmbH gegen Entgelt beschäftigt ist.

Für die Eröffnung des sachlichen Anwendungsbereiches müsste sich für die Firma Oettinger die Möglichkeit eines unmittelbaren Vorteils aus der Entscheidung ergeben. Ein Vorteil ist jede Besserstellung in rechtlicher, wirtschaftlicher, sozialer oder sonstiger Sicht. Vorliegend wird über den Abschluss eines Kaufvertrages mit der GmbH entschieden und letztendlich über eine zukünftige Kaufpreisforderung gegen die Kommune, sodass eine rechtliche Besserstellung vorliegt. Dieser Vorteil ist nach § 41 I 2 NKomVG auch unmittelbar, da bis auf die Ausführung des Beschlusses durch den BM gem. § 85 I 2 NKomVG keine weiteren Schritte erforderlich sind. Ob der Kaufpreis dem Wert des Bildes entspricht, ist unmaßgeblich, da bereits die Möglichkeit eines Vorteils genügt. Folglich ist der sachliche Anwendungsbereich für Ratsmitglied Bitburger eröffnet. Ausnahmen gem. § 41 III 1–4 und § 41 I 3 NKomVG liegen nicht vor.

Ratsherr Bitburger unterliegt folglich dem Mitwirkungsverbot und hätte dieses gem. § 41 IV 1 NKomVG mitteilen und den Sitzungssaal gem. § 41 V NKomVG verlassen müssen. Die Entscheidung über das Vorliegen eines Mitwirkungsverbotes liegt beim Rat und nicht beim Ratsvorsitzenden gem. § 41 IV 2 NKomVG, daher ist eine formelle Rechtswidrigkeit gegeben.

g) Öffentlichkeit

Grundsätzlich finden Ratssitzungen nach § 64 NKomVG öffentlich statt, es sei denn, das öffentliche Wohl oder berechtigte Interessen Einzelner gebieten den Ausschluss der Öffentlichkeit. Laut Sachverhalt ist nur erkennbar, dass der Preis des Bildes öffentlich genannt wird. Mangels anderweitiger Anhaltspunkte kann hieraus nicht geschlossen werden, dass damit bereits das öffentliche Wohl beeinträchtigt ist. Auch ist kein Verstoß gegen berechtigte Interessen Einzelner erkennbar. (Hinweis: Je nach Argumentation und Sachverhaltsinterpretation ist auch aufgrund der vorliegenden Vertragsinhalte gut vertretbar, dass wegen der Offenbarung von einzelnen Vertragsmodalitäten wie z. B. Preis des Bildes berechtigte Interessen den Ausschluss rechtfertigen).

Eine öffentliche Bekanntmachung gem. § 59 V NKomVG ist 2–3 Tage vor Ratssitzung laut Sachverhalt am 20. 04. 2021 erfolgt, sodass der OVG-Rechtsprechung genüge getan worden ist.

h) Sonstiges: Sitzungsleitung

Die Sitzungsleitung erfolgte rechtmäßig durch den Ratsvorsitzenden gem. § 63 I NKomVG.

Zwischenergebnis: Die Beschlussfassung ist formell rechtswidrig, da der Verwaltungsausschuss als zuständiges Organ hätte entscheiden müssen und Regeln des Mitwirkungsverbotes nicht beachtet worden sind.

Für eine materielle Rechtmäßigkeit müssten die Voraussetzungen der Rechtsgrundlage des § 124 NKomVG vorliegen. So müsste es sich zunächst um den Erwerb eines Vermögensgegenstandes gem. § 124 I NKomVG handeln. Da das Bild auf der Aktivseite der Bilanz zu aktivieren wäre, ist es ein entsprechender Vermögensgegenstand, der durch einen Kaufvertrag erworben werden soll. Dieses müsste auch in absehbarer Zeit zur Erfüllung ihrer Aufgaben benötigt werden, was nach Auffassung der Mehrheit der Mitglieder des Rates aufgrund ihres durchgeführten Abstimmungsverhaltens angenommen werden kann. Da gem. § 110 I NKomVG ferner Haushaltsmittel vorhanden sind, ist der Erwerb materiell rechtmäßig.

Zwischenergebnis: Der Erwerb des Bildes „Fliegender Niedersachse“ ist formell rechtswidrig, aber materiell rechtmäßig.

2. Top Ehrenbürgerrecht

a) Verbandszuständigkeit

Die sachliche Zuständigkeit ist aufgrund der Allzuständigkeit §§ 1, 2 I HS 2, 4, 5 I 1 NKomVG gegeben, zumal es sich um eine Angelegenheit der örtlichen Gemeinschaft handelt (s. o.). Ferner ist gem. § 2 II HS 1 NKomVG das

Körperschaftsrecht der Personalhoheit berührt; die örtliche Zuständigkeit liegt gem. § 3 I 4 VwVfG i. V. m. § 1 I Nds. VwVfG vor.

b) Organzuständigkeit

Aufgrund der spezialgesetzlichen Zuweisungsnorm innerhalb des NKomVG ist der Rat gem. § 58 I 6 NKomVG für die Beschlussfassung über das Ehrenbürgerrecht zuständig.

c) Beschlussfähigkeit

Wie bereits oben dargestellt war der Rat gem. § 65 I 1 Alt. 1 NKomVG zu Beginn der Ratssitzung beschlussfähig. Dieses bleibt er auch gem. § 65 I 3 NKomVG während der gesamten Sitzung, sofern seine Beschlussfähigkeit nicht angezweifelt wird. Dieses gilt jedoch nur für Tagesordnungspunkte, die auf der ursprünglichen Tagesordnung gestanden haben. Der Tagesordnungspunkt „Verleihung eines Ehrenbürgerrechts" sollte am Sitzungstag aufgenommen werden und stand daher nicht auf der ursprünglichen Tagesordnung. Daher ist der Rat zu diesem Punkt nur dann beschlussfähig, wenn er wirksam auf die Tagesordnung gelangt ist. Dieses könnte vorliegend durch die Regelung des § 59 III 5 NKomVG geschehen sein, wenn die Erweiterung durch Ratsbeschluss mit einer $^{2}/_{3}$ Mehrheit zu Beginn der Sitzung erfolgt ist und ein dringender Fall vorliegt. Vor Eintritt in die Sachthemenbehandlung hat Ratsfrau Köpi einen entsprechenden Antrag gestellt, also zu Sitzungsbeginn. Allerdings wäre hierzu eine Mehrheit von $^{2}/_{3}$ der Ratsmitglieder erforderlich. Hier haben sich nur 11 Ratsmitglieder dafür ausgesprochen, $^{2}/_{3}$ von 33 Ratsmitgliedern wären aber 22 gewesen, also ist die notwendige Mehrheit nicht erreicht worden. Ferner liegt auch kein dringender Fall vor, da nicht erkennbar ist, dass nicht bis zur nächsten Ratssitzung hätte abgewartet werden könnte (auch mit verkürzter Ladungsfrist), ohne dass der Stadt ein Schaden entsteht. Die Tagesordnung ist also rechtswidrig erweitert worden, der Rat ist beim Top Ehrenbürgerrecht daher nicht beschlussfähig, der Beschluss ist daher formell rechtswidrig und sogar nichtig.

Da nicht alle Ratsmitglieder anwesend sind, ist der Rat auch nicht zu diesem Tagesordnungspunkt nach § 65 I 1 Alt. 2 NKomVG beschlussfähig.

d) Vorbereitung

Die notwendige Vorbereitung durch den VA § 76 I 1 NKomVG hat scheinbar nicht stattgefunden. Hierzu wäre notfalls eine Unterbrechung der Sitzung des Rates notwendig gewesen. Der Beschluss ist daher unwirksam.

e) Abstimmung

Mangels gesetzlicher Verpflichtung zur Durchführung einer Wahl nach § 67 NKomVG ist eine Abstimmung nach § 66 NKomVG durchzuführen. Nach § 66 I NKomVG genügt die einfache Mehrheit zur Annahme der Vorlage, die hier vorliegt, da die Abstimmung einstimmig erfolgte. Grundsätzlich ist eine offene Abstimmung gem. § 66 II NKomVG durchzuführen, jedoch hat diese gem. § 14 V GO des Rates namentlich zu erfolgen, da sie gem. § 14 Abs. 3 GO des Rates von einer Fraktion beantragt wurde. Die Voraussetzungen einer geheimen Abstimmung gem. § 14 Abs. 4 GO des Rates liegen nicht vor, da sie nur von einem Ratsmitglied beantragt worden und kein besonders begründeter Ausnahmefall erkennbar ist. Eine ordnungsgemäße Abstimmung hat daher nicht stattgefunden.

f) Öffentlichkeit

Die Behandlung hat zu Recht in der öffentlichen Sitzung gem. § 64 NKomVG stattgefunden, da weder das öffentliche Wohl noch berechtigte Interessen Einzelner den Ausschluss erfordern. Eine öffentliche Bekanntmachung des Tagesordnungspunktes ist nicht gem. § 59 V NKomVG erfolgt, jedoch ist diese bei dringenden Fällen nach der h. M. nicht erforderlich.

Zwischenergebnis

Die Beschlussfassung ist mangels Beschlussfähigkeit und unterbliebener Vorbereitung durch den Verwaltungsausschuss sowohl rechtswidrig als auch nichtig. Ebenso ist der Beschluss wegen formeller Fehler bei der Abstimmung formell rechtswidrig.

Materielle Rechtmäßigkeit § 29 I NKomVG

Als Rechtsgrundlage verlangt § 29 NKomVG, dass sich die Person besonders verdient gemacht hat. Dieses kann nach der Aussage der Ratsmitglieder angenommen werden. Jedoch ist die Verleihung ein mitwirkungsbedürftiger Verwaltungsakt, zumindest ist das Einverständnis des Betroffenen erforderlich. Da Gerd Hasseröder jedoch bereits verstorben ist, ist die Verleihung des Ehrenbürgerrechts posthum nicht möglich. Die Entscheidung ist daher materiell rechtswidrig.

Zwischenergebnis

Top 4 Erwerb eines Gemäldes „Fliegender Niedersachse“

Es liegt ein Verstoß gegen die Regeln der Organzuständigkeit vor, da allerdings der Rat als das höhere Organ beschlossen hat, führt dieser nur zu einer formellen Rechtswidrigkeit. Ferner liegen Verstöße gegen die Regeln des Mitwirkungsverbotes nach § 41 NKomVG vor, die aber nicht zur Nichtigkeit nach § 41 VI NKomVG führen.

Top 4a Verleihung des Ehrenbürgerrechts an Herrn Hasseröder

Der Beschluss ist mangels Beschlussfähigkeit nach § 65 I 1 NKomVG, mangels Vorbereitung durch den Verwaltungsausschuss gem. § 76 I 1 NKomVG und wegen Verstoßes gegen die Regeln der Abstimmung formell rechtswidrig und sogar nichtig. Ferner ist er auch materiell rechtswidrig.

Rechtsfolge des § 88 I NKomVG

Die Voraussetzungen des § 88 I 1, 2 NKomVG sind gegeben. Da der Bürgermeister kein Entschließungsermessen hat, muss er eingreifen. Hinsichtlich der zu wählenden Rechtsfolge hat er jedoch ein Auswahlermessen. Bei der Auswahl ist § 40 VwVfG zu berücksichtigen. Beide der in § 88 I 1, 2 NKomVG genannten Mittel (Bericht und Einspruch) entsprechen dem Zweck der Norm, rechtmäßige Zustände herzustellen. Die Grenzen des Ermessens erfordern ferner insbesondere die Einhaltung des Grundsatzes der Verhältnismäßigkeit, nach der das Eingreifen geeignet, erforderlich und angemessen sein muss.

Ein Mittel ist geeignet, wenn es den Zweck zumindest fördert. Es ist nicht ersichtlich, dass der Rat einen Einspruch nicht umzusetzen bereit ist was dafür spricht, dass dieser und auch der Bericht an die KAB geeignet sind. Auch ist unmaßgeblich, dass die Beschlussfassung über das Ehrenbürgerrecht sogar nichtig und damit letztendlich rechtlich nicht existent ist. So gilt es in diesem Fall, den Rechtsschein der Wirksamkeit aufzuheben. Folglich sind beide Mittel geeignet. Ferner müsste die Maßnahme auch erforderlich sein. Der Bericht an die KAB wäre bei gleicher Eignung, welche hier vorliegt, ein stärker eingreifendes Mittel, sodass der Einspruch, nicht aber der Bericht an die KAB, erforderlich ist. Da der Einspruch auch gesetzlich vorgesehen ist, ist er auch angemessen und damit insgesamt verhältnismäßig. Die Einlegung eines Einspruches wäre also zu empfehlen.

Entscheidungsvorschlag: *Der Bürgermeister sollte gegen die Beschlussfassungen des Rates hinsichtlich des Erwerbs eines Gemäldes „Fliegender Niedersachse“ und die Verleihung des Ehrenbürgerrechts an Herrn Hasseröder in seiner Sitzung vom 22. 04. 2021 Einspruch gem. § 88 I 1, 2 NKomVG einlegen.*

IV. Handlungsempfehlung für die Hauptverwaltungsbeamtin bzw. den Hauptverwaltungsbeamten bei mehreren Beschlüssen mit Ausschussbesetzung

„Berechnung von Ausschussgrößen nach § 71 NKomVG“ und „Bezuschussung eines Vereins“

Fragestellung

Der Bürgermeister David der niedersächsischen Gemeinde Walhalla bittet Sie als MitarbeiterIn des Rechtsamtes um Prüfung der Rechtmäßigkeit der Beschlussfassungen in der Ratssitzung am 16. 01. 2021 und um eine entsprechende Handlungsempfehlung.

Sachverhalt

Die kreisangehörige Gemeinde Walhalla hat 41.222 EinwohnerInnen.

Allen Abgeordneten wurde die Einladung am 07. 01. 2021 zugeschickt, die Tagesordnung ging ihnen mit Post vom 11. 01. 2021 zu.

Dem Rat gehört die A-Fraktion mit 18 Abgeordneten, die B-Fraktion mit 15 Abgeordneten, die C-Fraktion mit 6 Abgeordneten und die Wählergemeinschaft (PUG) mit 1 Abgeordneten an. Ratsherr Wesche (WG) ist bereits seit Beginn der Wahlperiode beratendes Mitglied im Strategieausschuss, was er auch bleiben will.

(Auszug aus dem Schreiben der B-Fraktion vom 23. 01. 2021)

B-Fraktion im Rat der Stadt Walhalla

An Herrn

Bürgermeister David

....

Betr. Ausschuss für die Durchführung der Landesgartenschau

Sehr geehrter Herr Bürgermeister David,

wie ich Ihnen bereits gleich nach Ihrem Urlaub telefonisch mitgeteilt habe, bin ich der Ansicht, dass meine Fraktion aufgrund des Beschlusses in der Ratssitzung am 16. 01. 2021 mit zwei Sitzen im neugebildeten Ausschuss für die Durchführung der Landesgartenschau nicht angemessen vertreten ist. Bei einer Größe von sieben Ausschussmitgliedern hätten wir drei Sitze erhalten müssen. Leider befanden Sie sich vom 01.01. bis 10. 01. 2021 im Urlaub, sodass ich Sie nicht bereits vorher kontaktieren konnte. Ich wäre Ihnen daher sehr verbunden, wenn Sie die Sitzverteilung überprüfen könnten.

Mit freundlichen Grüßen

Franco Berlusconi

(Auszug aus der Einladung zur Ratssitzung am 16. 01. 2021)

Gemeinde Walhalla 06. 01. 2021

Der Bürgermeister

An die Ratsfrau,
an den Ratsherrn

Einladung zur 5. öffentlichen Sitzung des Rates der Gemeinde Walhalla am 16. 01. 2021 um 17 Uhr

Sehr geehrte Frau…

Sehr geehrter Herr…

Hiermit lade ich Sie zur 5. öffentlichen Ratssitzung am
16. 01. 2021 um 17.00 Uhr
ins Rathaus – Rathaussitzungssaal-, Rathausstr. 1, Walhalla, ein.

Mit freundlichen Grüßen

Dr. Simon
Erster Gemeinderat

Auszug aus der Niederschrift der 5. öffentlichen Sitzung des Rates der Gemeinde Walhalla am 16. 01. 2021

TOP 1: Eröffnung der Sitzung und Feststellung der Beschlussfähigkeit

Ratsvorsitzende Junker eröffnet die Sitzung, begrüßt die Mitglieder des Rates. Auf die Frage der Vorsitzenden nach Einwendungen rügt Ratsherr Dr. Merz, dass der Einladung für den Top 26 zwar eine Kopie des Antrages der B-Fraktion, jedoch keine von der Verwaltung gefertigte Beratungsvorlage beigefügt war. Er bemängelte ferner, dass auf die Ratssitzung erst gestern in der Zeitung Walhalla-Nachrichten hingewiesen worden sei, daher seien wahrscheinlich auch so wenig Zuhörerinnen und Zuhörer bei der heutigen Sitzung anwesend. Ratsvorsitzende

Junker weist die Kritik zurück, da die Beratungsgegenstände schon seit einigen Tagen auch durch die Presseberichterstattung für mögliche Zuhörer bekannt seien.

TOP 2: Genehmigung der Niederschrift über die 4. öffentliche Sitzung

TOP 3–25: ......

TOP 26: Bildung eines Ausschusses für die Landesgartenschau (Antrag der B-Fraktion)

Ratsherr Bossdorf weist darauf hin, dass eine erfolgreiche Landesgartenschau für die Gemeinde erhebliche finanzielle Vorteile mit sich bringen würde. Daher hat die B-Fraktion die Errichtung eines entsprechenden Ausschusses beantragt. Die Ausschussgröße sollte dem Antrag der B-Fraktion entsprechend bei sieben Mitgliedern liegen.

Sodann beantragte der Vertreter der Wählergemeinschaft (PUG) eine geheime Abstimmung über diesen Antrag. Irritiert über den Antrag der PUG meldete sich Ratsherr Bossdorf erneut zu Wort und beantragte für die B-Fraktion eine namentliche Abstimmung.

Die namentliche Abstimmung ergab eine einfache Mehrheit für den schriftlichen Antrag der B-Fraktion. Daraufhin stellte die Ratsvorsitzende fest, dass der A-Fraktion drei Sitze, der B-Fraktion zwei Sitze und der C-Fraktion ein Sitz zustehe. Ebenfalls einen Sitz (Grundmandat) erhalte die PUG.

Hieraufhin benannten die jeweiligen Vertreter die Personen, die dem Ausschuss angehören sollen: Für die A-Fraktion ......, (3 Namen) für die B-Fraktion...... (2 Namen), für die C-Fraktion .... (1 Name) und für die PUG Ratsherr Wesche.

Die Ratsvorsitzende Junker wies anschließend auf die ungeklärte Frage des Vorsitzes im Ausschuss hin. Hierauf meldete sich Herr Wesche, der Vertreter der PUG, zu Wort und erklärte, dass er dieses Amt übernehmen könnte. Dem Antrag wurde mehrheitlich gefolgt.

Top 27: Bezuschussung der Zumbagruppe „Fit in Walhalla“ e. V.

Nachdem der Abgeordnete Rechtsanwalt Nowak eingangs nochmals darstellte, dass der Verein in diesem Jahr ein Sportfest plane, beschloss der Rat mit Mehrheit, nunmehr dem e. V. den im Haushalt eingestellten zweckgebundenen Zuschuss von 80.000,- Euro für die Durchführung des Sportfests zu gewähren und kurzfristig auszuzahlen. Nowak bedankte sich anschließend als Vorsitzender des Vereins für das Vertrauen, welches der Rat mit dieser Entscheidung in den Verein gesetzt habe und stellte die Durchführung einer gelungenen Veranstaltung zum Wohle aller Bürgerinnen und Bürger in Aussicht.

Die Ratsvorsitzende Junker schloss die Sitzung um 19.34 Uhr.

Auszug aus der Geschäftsordnung des Rates der Gemeinde Walhalla

§ 1 Einberufung

Der Rat ist einzuberufen, sooft es erforderlich ist, jedoch mindestens einmal in drei Monaten. Der Bürgermeister hat den Rat einzuberufen, wenn es mindestens ein Drittel der gesetzlichen Zahl der Ratsmitglieder oder der Verwaltungsausschuss unter Angabe des Beratungsgegenstandes verlangt.

§ 2 Ladung

(1) Die Ladungsfrist beträgt für den Rat grundsätzlich fünf Tage. In Eilfällen kann die Frist auf 48 Stunden abgekürzt werden. Auf die verkürzte Frist ist in der Ladung ausdrücklich hinzuweisen.

(2) Der Ladung sind die Tagesordnung und zu jedem Beratungsgegenstand grundsätzlich eine Vorlage der Verwaltung beizufügen. In Eilfällen kann der Bürgermeister in Anwendung des Abs. 1 die Tagesordnung nachträglich ergänzen.

§ 3 Tagesordnung

(1) Der Bürgermeister stellt die Tagesordnung auf; eine Fraktion, eine Gruppe und jedes Ratsmitglied kann verlangen, dass ein bestimmter Beratungsgegenstand auf die Tagesordnung gesetzt wird.

(2) Das Verlangen nach Abs. 1 ist spätestens drei Tage vor Beginn der Ladungsfrist beim Bürgermeister anzuzeigen. In Eilfällen kann die Abkürzung der Ladungsfrist beantragt werden. § 2 Abs. 1 gilt entsprechend.

(3) Erweiterungen der Tagesordnung kann der Rat in der Sitzung beschließen, wenn sämtliche Ratsmitglieder anwesend sind und zustimmen. In dringlichen Fällen kann die Tagesordnung zu Beginn der Sitzung durch Beschluss des Rates mit einer Mehrheit von zwei Dritteln seiner Mitglieder erweitert werden.

(4) Anträge können nur bis zum Beschluss des Rates über die Feststellung der Tagesordnung vom Antragsteller zurückgenommen werden. Danach ist die Rücknahme nur mit Zustimmung der Mehrheit des Rates möglich.

……

§ 9 Anträge

Ohne Einhaltung einer Frist können folgende Anträge gestellt und zur Abstimmung gebracht werden:

a) Änderung der Reihenfolge der Tagesordnung,

b) Verweisung an einen Ausschuss,

c) Schluss der Debatte,

d) Zusatz- und Abänderungsanträge,

e) Verlängerung der Redezeit,

f) Vertagung oder Aufhebung eines Tagesordnungspunktes.

....

§ 14 Abstimmung

(1) Für die Abstimmung sind folgende Formen vorgesehen:

a) Handaufheben,

b) namentliche Abstimmung,

c) geheime Abstimmung.

(2) In der Regel wird durch Handaufheben abgestimmt.

(3) Namentliche Abstimmung ist durchzuführen, wenn sie von einer Fraktion oder Gruppe beantragt wird. Dabei sind Namen für und gegen den Antrag sowie die Stimmenenthaltungen in der Niederschrift festzuhalten.

(4) Geheime Abstimmung findet in besonders begründeten Ausnahmefällen auf Antrag von mindestens fünf Ratsmitgliedern, einer Fraktion oder Gruppe statt.

(5) Treffen ein Antrag nach Abs. 3 und ein Antrag nach Abs. 4 zusammen, so hat die namentliche Abstimmung den Vorrang.

(6) Bei Stimmengleichheit ist ein Antrag abgelehnt.

(7) Liegen mehrere Anträge zum gleichen Beratungsgegenstand vor, ist zunächst über den weitestgehenden Antrag abzustimmen.

Lösungshinweis

Einstieg: Der Hauptverwaltungsbeamte könnte gegen die Beschlussfassungen der Vertretung in ihrer Sitzung am 22. 04. 2021 über die Bildung eines Ausschusses für die Landesgartenschau und die Bezuschusssung der Sportgruppe gem. § 88 I 1, 2 NKomVG einschreiten.

A. Formelle Rechtmäßigkeit des Eingreifens

Für ein Eingreifen ist gem. § 88 I 1 die/der HVB zuständig. Da es sich bei der Stadt Walhalla um eine kreisangehörige Gemeinde und keine große selbstständige Stadt handelt, ist der HVB gemäß § 7 I, II Nr. 1 NKomVG der Bürgermeister. Die anderen Organe heißen Rat und Verwaltungsausschuss.

B. Materielle Rechtmäßigkeit des Eingreifens

Dafür müssten die Tatbestandsmerkmale der Rechtsgrundlage vorliegen.

I. Beschluss der Vertretung oder Bürgerentscheid

In Betracht kommen nur Beschlüsse der Vertretung. Ein Beschluss ist eine abschließende Entscheidung eines Kollegialorgans (durch Abstimmung oder Wahl) mit Bindungswirkung für die Kommune. Vorliegend hat der Rat und damit ein Kollegialorgan in seiner Sitzung am 22. 04. 2021 per Abstimmung über die beiden Tagesordnungspunkte entschieden, folglich liegen zwei Beschlüsse vor.

II. Im eigenen Wirkungskreis

Diese Beschlüsse müssten Angelegenheiten des eigenen Wirkungskreises berühren. Vorliegend handelt es sich um Angelegenheiten der örtlichen Gemeinschaft entsprechend der Wurzeltheorie des BVerfG, zumal die Bildung eines Ausschusses für die Durchführung der Landesgartenschau und die Bezuschussung eines kommunalen Vereins in der Gemeinde wurzeln und auf diese einen spezifischen Bezug haben gem. § 5 I 1 NKomVG. Daher entstammen die Beschlüsse dem eigenen Wirkungskreis.

III. Rechtswidrigkeit aus Sicht des Bürgermeisters

Die Beschlüsse müssten aus Sicht des Bürgermeisters David formell oder materiell rechtswidrig sein.

C. Formelle und materielle Rechtmäßigkeit des Beschlusses Ratsausschuss

I. Formelle Rechtmäßigkeit

Verbandszuständigkeit

Wie bereits geprüft ist die sachliche Zuständigkeit im Rahmen der Allzuständigkeit der Kommune gem. § 1, 2 II HS 2, 4, 5 I NKomVG gegeben, ferner liegt das Körperschaftsrecht der Organisationshoheit gem. § 2 II HS 1 NKomVG vor. Die örtliche Zuständigkeit der Gemeinde Walhalla ergibt sich aus § 3 I 4 VwVfG i. V. m. § 1 Nds.VwVfG.

Organzuständigkeit

Die Organzuständigkeit des Rates ist gem. § 71 I, V NKomVG gegeben.

Beschlussfähigkeit

Zunächst müsste für eine Beschlussfähigkeit des Rates nach § 65 I 1 1. Alt. NKomVG eine ordnungsgemäße Einberufung nach § 59 I NKomVG vorliegen. Hier hat zwar nicht der Bürgermeister David nach § 59 I 1 NKomVG eingeladen, jedoch kann er sich in seiner Abwesenheit durch den Ratsvorsitzenden Junker gem. § 59 III 3 NKomVG vertreten lassen. Dabei hat die Aufstellung der TO nach § 59 III 4 NKomVG im Benehmen mit dem allgemeinen Vertreter zu erfolgen. Hier hat jedoch der allgemeine Vertreter (Erster Gemeinderat Dr. Simon) nach § 108 I 1 geladen, was rechtswidrig ist.

Die übrigen Abgeordneten haben zwar nach dem Bearbeiterhinweis eine Einladung erhalten, jedoch nicht der BM. Zwar wurde die TO erst später versandt, dies ist jedoch unmaßgeblich, ebenso wurde schriftlich geladen. Ein Anspruch auf Beifügung von Beratungsunterlagen zu dem Tagesordnungspunkt besteht nicht. Eine ordnungsgemäße Einladung nach § 59 I 1 NKomVG ist nicht erfolgt.

Ferner müsste nach § 59 I 2 GO i. V. m. der GO die Ladungsfrist eingehalten worden sein. Die Ladungsfrist beträgt nach § 2 I 1 GO: 5 Tage. Für die Berechnung werden die Vorschriften der §§ 187 I, 188 I BGB analog herangezogen. Es ergibt sich folgende Fristberechnung:

Zugang (= Ereignistag): Freitag 11. 01. 2021 gem. § 130 I 1 BGB analog, Fristbeginn: Samstag 12. 01. 2021, Fristablauf: Mittwoch, 16. 5. 2021, 24.00 Uhr, somit wurde die Frist nicht eingehalten. Eine ordnungsgemäße Einberufung nach § 59 I NKomVG ist somit nicht gegeben.

Ferner müsste nach Alt. 1 die Mehrheit seiner Mitglieder anwesend gewesen sein. Bei 41.222 Einwohnerinnen und Einwohner beträgt gem. § 46 I NKomVG die Zahl der Abgeordneten 40. Diese heißen nach § 45 I 3 NKomVG Ratsfrauen und Ratsherren. Hinzu kommt nach § 45 I 2 NKomVG der Bürgermeister, also besteht der Rat aus 41 Ratsmitgliedern. Da der Urlaub des Bürgermeisters am 10.01. endete, ist davon auszugehen, dass auch er anwesend war. Folglich waren alle Mitglieder und damit auch die Mehrheit anwesend.

Eine Beschlussfähigkeit nach § 65 I 1 Alt. 1 NKomVG lag mangels ordnungsgemäßer Einberufung nach § 59 I NKomVG nicht vor.

Für eine Beschlussfähigkeit nach § 65 I 1 Alt. 2 NKomVG müssten alle Ratsmitglieder anwesend gewesen sein. Wie bereits festgestellt waren alle Ratsmitglieder anwesend.

Ferner dürfte keine Rüge hinsichtlich einer Verletzung von Verfahrensvorschriften vorliegen. Für eine Rüge bedarf es einer konkreten Benennung einer Verletzung und der deutlichen Willenskundgebung, dass die Sitzung nicht durchgeführt werden soll. Sowohl der Einwand keine Beratungsvorlage erhalten zu haben, als auch der Hinweis auf die verspätete Bekanntmachung in der Zeitung stellt keine Rüge dar. Folglich war der Rat nach § 65 I 1 Alt. 2 NKomVG beschlussfähig.

Vorbereitung

Grundsätzlich hätte der Beschluss gem. § 76 I 1 NKomVG vom Verwaltungsausschuss vorbereitet werden müssen, was nicht erfolgt ist. Jedoch ist eine Vorbereitung bei innerorganisatorischen Verfahrensakten der Vertretung wie der Ausschussbildung als Angelegenheit der Selbstorganisation des Rates nicht erforderlich.

Abstimmung

Mangels gesetzlicher Verpflichtung zur Durchführung einer Wahl ist eine Abstimmung gem. § 66 NKomVG durchzuführen. Die dafür erforderliche Mehrheit gem. § 66 I NKomVG ist aufgrund der mehrheitlichen Beschlussfassung erfüllt. Auch ist das Verfahren für die Abstimmung nach § 66 II NKomVG beachtet worden, da eine namentliche Abstimmung durchgeführt worden ist. Dagegen lagen die Voraussetzungen für eine geheime Abstimmung nicht vor.

Öffentlichkeit

Nach § 64 NKomVG ist die Sitzung grundsätzlich öffentlich abzuhalten, was vorliegend zu Recht geschah, da weder das öffentliche Wohl als auch berechtigte Interessen Einzelner berührt sind. Allerdings hätte die Bekanntmachung gem. § 59 V NKomVG laut OVG Rechtsprechung 2–3 Tage vor der Sitzung und nicht erst am Tage vor der Sitzung in Zeitung erscheinen müssen, daher liegt ein Verstoß vor.

Zwischenergebnis

Somit ist der Beschluss zu TOP 26 formell rechtswidrig (Verstoß gegen den Öffentlichkeitsgrundsatz gem. § 59 V NKomVG).

II. Materielle Rechtmäßigkeit

Beachte: Nachfolgend erfolgt zunächst die Darstellung der aktuellen Rechtslage bei Drucklegung. Mit dem Entwurf zur Änderung des Niedersächsisches Kommunalverfassungsgesetzes und anderer kommunalrechtlichen Vorschriften vom 26. 04. 2021 (Drucksache 18/9075 S. 1ff.) ist jedoch eine Änderung des § 71 NKomVG geplant. Die Klausurlösung nach der erfolgten Beschlussfassung über den Entwurf wird dann im Anschluss dargestellt.

1) Als Rechtsgrundlage für die Ausschussbildung dient § 71 I, V i. V. m. II, IV, VIII, X NKomVG.

Verteilung der entsprechenden Sitze nach Hare/Niemeyer aus der Mitte der Abgeordneten nach § 71 I, II, da kein abweichendes Verfahren nach X einstimmig beschlossen worden ist:

A 18 × 7 : 39 (PUG keine Fraktion) = 3,23

B 15 × 7 : 39 = 2,69

C 6 × 7 : 39 = 1,07

Die A-Fraktion erhält 3 Sitze, die B-Fraktion 3 Sitze (nach § 71 II 4 NKomVG) und die C-Fraktion einen Sitz. Die lt. SV vorgenommene Sitzverteilung ist rechtswidrig.

Ein Grundmandat gem. § 71 IV 1 NKomVG steht der PUG nicht zu, weil sie nur ein einzelnes Ratsmitglied stellt und dieses keiner Fraktion angehört. Auch stellt sie kein beratendes Mitglied nach § 71 IV S. 3 NKomVG, da der Vertreter der PUG bereits im Strategieausschuss vertreten ist und es auch laut Sachverhalt bleiben will. Das Grundmandat für die PUG ist daher rechtswidrig.

Zuteilung des Ausschussvorsitzes § 71 V, VIII, X NKomVG

Die Zuteilung des Vorsitzes erfolgt nach dem d'Hondtschen Höchstzahlverfahren gem. § 71 VIII NKomVG. Diese kann mit einem Beschluss nach § 71 V NKomVG verbunden werden. Eine Zuteilung durch Mehrheitsbeschluss ist nicht möglich, da § 71 X NKomVG eine Einstimmigkeit voraussetzt. Folglich ist der Vorsitz durch einen Vertreter der PUG unrechtmäßig.

2) Als Rechtsgrundlage für die Ausschussbildung dient § 71 I, IV i.V.m. II, III, VII, IX NKomVG (nach Beschlussfassung über den o.g. Entwurf vom 26.04.2021).

Verteilung der entsprechenden Sitze nach d`Hondt aus der Mitte der Abgeordneten § 71 I, II NKomVG, da kein abweichendes Verfahren nach IX einstimmig beschlossen worden ist:

Teiler	Fraktion A	Fraktion B	Fraktion C
1	18	15	6
2	9	7,5	3
3	6	5	2
…			

A = 3 (Höchstzahl 18, 9 und 6)

B = 3 (Höchstzahl 15, 7,5 und 5)

C = 1 (Höchstzahl 6)

Die A-Fraktion erhält 3 Sitze, die B-Fraktion 3 Sitze und die C-Fraktion einen Sitz. Die laut SV vorgenommene Sitzverteilung ist rechtswidrig.

Ein Grundmandat gem. § 71 III 1 NKomVG steht der PUG nicht zu, weil sie nur einzelnes Ratsmitglied stellt und dieses keiner Fraktion angehört. Auch stellt sie kein beratendes Mitglied nach § 71 III S. 3 NKomVG, da der Vertreter der PUG bereits im Strategieausschuss vertreten ist und es auch laut Sachverhalt bleiben will. Das Grundmandat für die PUG ist daher rechtswidrig.

Zuteilung des Ausschussvorsitzes § 71 IV, VII, IX NKomVG

Die Zuteilung des Vorsitzes erfolgt nach dem d`Hondtschen Höchstzahlverfahren gem. § 71 VII NKomVG. Diese kann mit einem Beschluss nach § 71 IV NKomVG verbunden werden. Eine Zuteilung durch Mehrheitsbeschluss ist nicht möglich, da § 71 IX NKomVG eine Einstimmigkeit voraussetzt. Folglich ist der Vorsitz durch einen Vertreter der PUG unrechtmäßig.

Zwischenergebnis

Der Beschluss des Rates über die Ausschussbesetzung ist formell und materiell rechtswidrig. Aufgrund der Verletzung der Öffentlichkeit ist der Beschluss sogar nichtig.

D. Formelle und materielle Rechtmäßigkeit des Beschlusses Zuschussgewährung:

Formelle Rechtmäßigkeit

Die Verbandszuständigkeit ist gegeben, da die Kommune im Rahmen ihrer Allzuständigkeit handelt und nach der Wurzeltheorie eine Angelegenheit der örtlichen Gemeinschaft (s. o.) vorliegt gem. §§ 1, 2 II HS 2, 4, 5 I 1 NKomVG. Ferner ist das Körperschaftsrecht der Finanzhoheit gem. § 2 II HS 1 NKomVG erfüllt. Die örtliche Zuständigkeit richtet sich nach § 1 I Nds. VwVfG i. V. m. § 3 I 4 VwVfG.

Organzuständigkeit

Mangels spezialgesetzlicher Zuweisungsnorm sowohl außerhalb als auch innerhalb des NKomVG könnte die Vertretung nach § 58 I NKomVG zuständig sein. Eine Zuständigkeit nach § 58 I Nr. 14 NKomVG liegt nicht vor, da bereits Mittel im Haushalt eingestellt waren. Anhaltspunkte für eine Zuständigkeit nach § 58 II NKomVG sind nicht ersichtlich. Daher könnte der BM zuständig sein, sofern es sich um ein Geschäft der laufenden Verwaltung gem. § 85 I 7 NKomVG handelt. Jedoch dürfte eine Bezuschussung in dieser Größenordnung für die Gemeinde weder regelmäßig wiederkehrend sein, noch von geringfügigen Auswirkungen, folglich obliegt die Entscheidung dem Verwaltungsausschuss im Rahmen seiner Lückenkompetenz gem. § 76 II 1 NKomVG.

Beschlussfähigkeit

Wie bereits geprüft, war die Vertretung zu Beginn der Sitzung beschlussfähig und blieb es nach § 65 I 3 NKomVG auch für diesen Top.

Von einer ordnungsgemäßen Vorbereitung des Verwaltungsausschusses nach § 76 I 1 NKomVG ist mangels anderweitiger Anhaltspunkte auszugehen.

Da gesetzlich keine Wahl verpflichtend vorgesehen ist, ist eine Abstimmung nach § 66 NKomVG durchzuführen. Aufgrund des mehrheitlichen

Abstimmungsergebnisses ist die erforderliche Mehrheit nach § 66 I NKomVG gegeben. Anhaltspunkte für einen Verfahrensverstoß nach § 66 II NKomVG liegen nicht vor.

Mitwirkungsverbot für Ratsmitglied Nowak

Auf Ratsmitglied Nowak sind die Regeln des Mitwirkungsverbotes nach § 41 NKomVG über § 54 III NKomVG anzuwenden. Der persönliche Anwendungsbereich ist über § 41 I 4 NKomVG eröffnet, da er als Vorsitzender kraft Gesetzes die Vertretung des Vereins innehat. Der sachliche Anwendungsbereich ist erfüllt, da eine Besserstellung in Form einer Geldgewährung dem Verein unmittelbar im Sinne des § 41 I 2 NKomVG zufließt. Ausnahmen nach § 41 III 1–4 oder § 41 I 3 NKomVG sind nicht ersichtlich, folglich unterliegt Ratsherr Nowak dem Mitwirkungsverbot. Hierauf hätte er nach § 41 IV 1 NKomVG hinweisen und den Beratungsraum nach § 41 V NKomVG verlassen müssen bzw. sich bei einer öffentlichen Sitzung zumindest in den Zuhörerraum begeben müssen § 41 V 2 NKomVG.

Öffentlichkeit

Sitzung ist öffentlich gem. § 64 NKomVG, da weder das öffentliche Wohl noch berechtigte Interessen Einzelner einen Ausschluss erfordern. Jedoch ist die notwendige Bekanntmachung von 2–3 Tagen vor der Sitzung (siehe OVG-Rechtsprechung) gem. § 59 IV nicht beachtet worden, da die Bekanntmachung zu spät erfolgte (s. o.).

Der Beschluss ist daher formell rechtswidrig, da sowohl ein Verstoß gegen das Mitwirkungsverbot vorliegt als auch ein Verstoß gegen die Öffentlichkeit.

Materielle Rechtmäßigkeit

Rechtsgrundlage: §§ 2 II HS 2 NKomVG

Im Rahmen ihrer Allzuständigkeit gem. § 2 II HS 2 NKomVG ist die Gemeinde Walhalla berechtigt, Zuschüsse an kommunale Vereine zu zahlen. Anhaltspunkte für Ermessensfehler liegen nicht vor, sodass der Beschluss materiell rechtmäßig

Rechtsfolge des § 88 I NKomVG

Die Voraussetzungen des § 88 I 1, 2 NKomVG sind gegeben. Da der Bürgermeister David kein Entschließungsermessen hat, muss er eingreifen. Hinsichtlich der zu wählenden Rechtsfolge hat er jedoch ein Auswahlermessen. Bei der Auswahl ist § 40 VwVfG zu berücksichtigen. Beide in § 88 I 1, 2 NKomVG genannten Mittel (Bericht und Einspruch) entsprechen dem Zweck der Norm, rechtmäßige Zustände herzustellen. Die Grenzen des Ermessens erfordern ferner insbesondere die Einhaltung des Grundsatzes der

Verhältnismäßigkeit, nach der das Eingreifen geeignet, erforderlich und angemessen sein muss.

Ein Mittel ist geeignet, wenn es den Zweck zumindest fördert. Es ist nicht ersichtlich, dass der Rat einen Einspruch nicht umzusetzen bereit ist, was dafürspricht, dass dieser und auch der Bericht an die KAB geeignet sind. Auch ist unmaßgeblich, dass die Beschlussfassungen sogar nichtig und damit letztendlich rechtlich nicht existent sind. So gilt es in diesem Fall, den Rechtsschein der Wirksamkeit zu aufzuheben. Folglich sind beide Mittel geeignet. Ferner müsste die Maßnahme auch erforderlich sein. Der Bericht an die KAB wäre bei gleicher Eignung, welche hier vorliegt, ein stärker eingreifendes Mittel, sodass der Einspruch, nicht aber der Bericht an die KAB, erforderlich ist. Da der Einspruch auch gesetzlich vorgesehen ist, ist er auch angemessen und damit insgesamt verhältnismäßig. Die Einlegung eines Einspruches wäre also zu empfehlen.

> **Entscheidungsvorschlag**: *Der Bürgermeister David sollte gegen die Beschlussfassungen des Rates hinsichtlich der Bildung eines Ausschusses für die Durchführung der Landesgartenschau und die Bezuschussung der Zumbagruppe in seiner Sitzung vom 16. 01. 2021 Einspruch gem. § 88 I 1, 2 NKomVG einlegen.*

V. Das Einschreiten der Kommunalaufsicht bei einem Beschluss

Fragestellung

Sie sind SachbearbeiterIn im Kommunalaufsichtsreferat des Niedersächsischen Ministeriums für Inneres, Sport und Integration (KAB). Ihr Vorgesetzter legt Ihnen ein Schreiben vom 04. 04. 2021 vor und bittet Sie um gutachterliche Prüfung der Beschlussfassung über die Stadionumbenennung in der Ratssitzung vom 03. 04. 2021 und um einen Entscheidungsvorschlag.

Sachverhalt

Die Stadt Emden hat 55.000 Einwohner. Die KAB forderte von der Stadt Emden eine Stellungnahme an, die am 17. 04. 2021 eingegangen ist. Als Anlage der Stellungnahme ist eine Kopie der Niederschrift beigefügt.

Ratsfrau Merz 04. 04. 2021

Rosenweg 1, Emden

An die

Kommunalaufsichtsbehörde

Sehr geehrte Damen und Herren,

ich möchte Ihnen heute von einer unglaublichen Begebenheit bei der Stadt Emden berichten und würde mich freuen, wenn Sie den Ratsvorsitzenden in seine Schranken weisen würden. So wurde ich aus dem Saal gewiesen, obwohl ich nur von meinem Recht auf Meinungsäußerung in der Ratssitzung am 03. 04. 2021 Gebrauch gemacht habe. Aufgrund meines Verweises halte ich auch die gefassten Beschlüsse für rechtswidrig.

Mit freundlichen Grüßen

Merz

An die KAB 16. 04. 2021

(Eingangsstempel KAB 17. 04. 2021)

Sehr geehrte Damen und Herren,

aufgrund Ihres Schreibens schicke ich Ihnen eine Kopie der Sitzungsniederschrift. Wie Sie dieser entnehmen können, sind alle Beschlüsse rechtmäßig gefasst worden. Nach unserer Geschäftsordnung des Rates beträgt die Ladungsfrist für den Rat 1 Woche.

Mit freundlichen Grüßen

Dr. Simon

Oberbürgermeister der Stadt Emden

Sitzungsniederschrift über die 44. öffentliche Sitzung des Rates der Stadt Emden am 03. 04. 2021 um 17.00 Uhr im Rathaus der Stadt Emden, Rathausstraße 1:

Zunächst begrüßte der Ratsvorsitzende David alle Anwesenden und stellte unter Top 1 fest, dass alle Ratsmitglieder die Einladung am 24. 03. 2021 erhalten haben. Die öffentliche Bekanntmachung im Emdener Kreisblatt habe am 26. 03. 2021 stattgefunden. Als Tagesordnungspunkt ist u.a. unter Top 2 die Namensänderung des Klaus-Walter-Stadion in Woltersarena und unter Top 3 die Umbenennung einer Straße vorgesehen. Anschließend kam es zu einem Tumult, da Ratsfrau Merz durch mehrfache Zwischenrufe versuchte, sich Gehör zu verschaffen. Der Ratsvorsitzende ermahnte Ratsfrau Merz und bat um Mäßigung. Diese erwiderte jedoch, dass es ein Skandal sei, wie man versuche, sie mundtot zu machen. Es könne doch nicht sein, dass das Stadion nach einer Biersorte benannt werde. Der gesamte Rat solle sich schämen. Da sich Ratsfrau Merz auf mehrfache Bitte des Ratsvorsitzenden weigerte, ruhig zu sein, wurde sie vom Ratsvorsitzenden vom weiteren Verlauf der Sitzung ausgeschlossen und vom Rechtsamtsleiter vor die Sitzungstür geführt.

Unter Top 2 wurde die Umbenennung des Klaus-Walter-Stadions in Woltersarena kontrovers diskutiert. Während sich Ratsherr Junker, ein Vertreter der A-Fraktion, Mehreinnahmen in beträchtlicher Höhe für den städtischen Haushalt verspricht, lehnte Ratsfrau Bossdorf für die B-Fraktion eine Umbenennung ab, da mit der damaligen Benennung des Stadions mit dem Namen des Stürmers Klaus Walter ein Denkmal gesetzt werden sollte. Unterstützt wurde Bossdorf in seinem Anliegen durch Ratsherrn Klose, der als Enkel des damaligen Spielers kein Verständnis für eine Namensänderung aufbringen könne.

Unter Top 3.........

Die Sitzung wurde vom Ratsvorsitzenden David um 17.30 Uhr geschlossen.

Lösungshinweis

Zu untersuchen ist, ob das Kommunalaufsichtsreferat als Kommunalaufsicht die Beschlussfassung des Rates der Stadt Emden in der Sitzung vom 03. 04. 2010 über die Umbenennung des Stadions nach § 173 I 1 NKomVG beanstanden sollte. Danach kann die Kommunalaufsicht Beschlüsse oder andere Maßnahmen einer Kommune oder Bürgerentscheide beanstanden, wenn sie das Gesetz verletzen.

I. Zuständigkeit des Kommunalaufsichtsreferats

Zunächst müsste es sich beim Kommunalaufsichtsreferat des Niedersächsischen Ministeriums um die Kommunalaufsicht über die Stadt Emden handeln. Für die sachliche Zuständigkeit müsste es sich um eine Angelegenheit des eigenen Wirkungskreises der Stadt Emden handeln. Die Benennung eines Stadions in einer Kommune ist eine Aufgabe, die in der Kommune wurzelt und auf diese einen spezifischen Bezug hat. Folglich liegt nach der Wurzeltheorie des BVerfG eine Angelegenheit der örtlichen Gemeinschaft gem. § 5 I 1 NKomVG vor.

Ferner müsste die instanzielle Zuständigkeit des Ministeriums vorliegen. Bei der Stadt Emden handelt es sich gem. § 14 VI NKomVG um eine kreisfreie Stadt, folglich ist die Kommunalaufsichtsbehörde das Ministerium für Inneres. Die Organe der Stadt heißen nach § 7 I, II 2 NKomVG Rat, Verwaltungsausschuss und Oberbürgermeister.

Die örtliche Zuständigkeit des Ministeriums für Inneres ergibt sich aus § 3 I 3b VwVfG i. V. m. § 1 I Nds. VwVfG. Die Zuständigkeit des Ministeriums für Inneres ist folglich gegeben, da sie die Kommunalaufsichtsbehörde (KAB) über die Stadt Emden ist.

Die KAB muss jedoch nicht aufgrund des Schreibens der Ratsfrau Merz tätig werden, diese hat keinen Anspruch auf Einschreiten des Ministeriums.

II. Materielle Rechtmäßigkeit der Beanstandung

1. Beschluss oder andere Maßnahme der Kommune oder Bürgerentscheid

In Betracht kommt vorliegend nur ein Beschluss der Kommune. Bei einem Beschluss handelt es sich um eine abschließende Entscheidung eines Kollegialorgans durch Abstimmung oder Wahl mit Bindungswirkung für die Kommune. Hier hat der Rat der Stadt Emden eine Umbenennung des Stadions im Rahmen einer Ratssitzung vorgenommen, folglich liegt ein Beschluss einer Kommune vor.

2. Gesetzesverletzung in formeller und/oder materieller Hinsicht

Ferner müsste der gefasste Beschluss der Stadionumbenennung rechtswidrig sein.

a) Verbandszuständigkeit

Die sachliche Zuständigkeit der Stadt Emden ist im Rahmen ihrer Allzuständigkeit gegeben, zumal es sich um eine Angelegenheit der örtlichen Gemeinschaft handelt, da die Namensgebung in der Kommune wurzelt und auf diese einen spezifischen Bezug hat (Wurzeltheorie des BVerfG) gem. §§ 1, 2 II HS 2, 4, 5 I 1 NKomVG. Die örtliche Zuständigkeit ist über § 3 I 4 VwVfG i. V. m. § 1 I Nds. VwVfG gegeben.

b) Organzuständigkeit

Mangels spezialgesetzlicher Zuständigkeit außerhalb und innerhalb des NKomVG könnte der Rat nach § 58 I NKomVG zuständig sein. Da vorliegend weder der Rat nach § 58 I 3 noch nach § 58 II 1 NKomVG zuständig ist, könnte der Oberbürgermeister im Rahmen der Geschäfte der laufenden Verwaltung gem. § 85 I 7 NKomVG zuständig sein. Hierbei dürfte es sich allerdings weder um eine regelmäßig wiederkehrende Aufgabe handeln, noch dürfte diese nach feststehenden Regeln abzuleisten sein. Folglich liegt keine Zuständigkeit des Oberbürgermeisters vor, vielmehr greift die Lückenkompetenz des Verwaltungsausschusses gem. § 76 II 1 NKomVG. Insofern ist der vom Rat gefasste Beschluss zwar rechtswidrig, aber nicht nichtig, da der Rat als übergeordnetes Organ beschlossen hat.

c) Beschlussfähigkeit

Eine Beschlussfähigkeit des Rates liegt nach § 65 I 1 Alt. 1 NKomVG vor, da nach ordnungsgemäßer Einberufung gem. § 59 I NKomVG die Mehrheit der Ratsmitglieder anwesend ist. So hat der OB die übrigen Ratsmitglieder unter Mitteilung der Tagesordnung schriftlich eingeladen (§ 59 I S.1 NKomVG) und dabei die Ladungsfrist gewahrt. So beträgt die Ladungsfrist gem. § 59 I 2 NKomVG i. V. m. der GO eine Woche (Ereignis § 130 I BGB analog 24. 03. 2021, Fristbeginn gem. § 187 I BGB analog 25.03., Fristende gem. § 188 II BGB analog Ablauf 31.03.). Die Mehrheit gem. §§ 45, I 2, 46 I 1 NKomVG liegt bei 24 Ratsmitgliedern, lediglich Merz nicht anwesend).

d) Vorbereitung

Von einer ordnungsgemäßen Vorbereitung des VA ist gem. § 76 I 1 NKomVG auszugehen.

e) Abstimmung

Weder gegen die Annahme der Mehrheit gem. § 66 I NKomVG zur Annahme der Vorlage noch die Einhaltung des Verfahrens gem. § 66 II NKomVG bestehen Bedenken.

f) Öffentlichkeit

Die Sitzung erfolgte gem. § 64 NKomVG öffentlich, da weder das öffentliche Wohl noch berechtigte Interessen Einzelner einen Ausschluss erfordern. Sowohl die notwendige Veröffentlichung als auch die dafür vorgesehene Frist für die Bekanntmachung von 2–3 Tagen laut OVG Rechtsprechung wurde laut Sachverhalt am 26. 03. 2021 durchgeführt.

g) Ordnung in Sitzung

Die Sitzungsleitung inklusive des Hausrechts steht dem Ratsvorsitzenden während der Sitzung nach § 63 I NKomVG zu. Nach § 63 II 1 NKomVG ist ihm bei ungebührlichen Verhalten eines Ratsmitgliedes möglich, dieses von der weiteren Sitzung auszuschließen. Aufgrund des wiederholten ungebührlichen Verhaltens war der Ausschluss von Frau Merz angemessen und damit rechtmäßig, da ihm kein milderes Mittel im Rahmen der vorzunehmenden Verhältnismäßigkeitsprüfung zur Verfügung stand.

In materieller Hinsicht bestehen gegen die Beschlussfassung keine Bedenken, da die Stadt Emden im Rahmen ihrer Allzuständigkeit gem. § 2 II HS 2 NKomVG handelte und keine Ermessensfehler ersichtlich sind.

Aufgrund der Beschlussfassung durch das falsche Organ ist die Beschlussfassung formell rechtswidrig und die für das Einschreiben der KAB erforderliche Gesetzesverletzung liegt demnach vor.

Rechtsfolge des § 173 I 1 NKomVG

Die KAB hat sowohl Entschließungs- als auch Auswahlermessen. Bei der Auswahl ist § 40 VwVfG zu berücksichtigen. Das bedeutet, dass der Zweck der Beanstandung dem Zweck der Ermächtigung entsprechen und die gesetzlichen Grenzen, insbesondere den Grundsatz der Verhältnismäßigkeit einhalten müsste.

Zwar soll die Aufsicht nach § 170 I 3 NKomVG zurückhaltend ausgeübt werden, im Rahmen des Entschließungsermessen ist jedoch zu berücksichtigen, dass ein formeller Fehler vorliegt, der vom Rat nicht erkannt und nicht korrigiert worden ist. Da ein Einschreiten der KAB die Rechtswidrigkeit beseitigen könnte, sollte die KAB einschreiten.

Hinsichtlich des Auswahlermessens würde die Beanstandung den Zweck des § 173 I 1 NKomVG, rechtmäßige Zustände herzustellen, erreichen. Zu den Grenzen des Ermessens gehört insbesondere der Verhältnismäßigkeitsgrundsatz, nach dem das Eingreifen geeignet, erforderlich und angemessen sein muss. Geeignet ist die Maßnahme, da der Beschluss nach der Beanstandung gem. § 173 I 2 NKomVG nicht vollzogen werden darf. Erforderlich ist die Maßnahme, wenn ein milderes Mittel, insbesondere der gesetzlich nicht geregelte Hinweis, nicht in Betracht kommt. Da jedoch die Beschlussfassung nicht nichtig ist, das oberste Organ der Kommune entschieden hat, im Sachverhalt nicht ersichtlich ist, dass der Rat auf einen solchen nicht reagieren würde, ist eine Beratung der KAB als milderes Mittel anzunehmen. Dieses wäre auch in einem solchen Fall als angemessen einzustufen.

Entscheidungsvorschlag: Das Ministerium für Inneres als KAB darf und sollte die Stadt Emden insofern beraten und einen entsprechenden rechtlichen Hinweis hinsichtlich der Organzuständigkeit geben, aber die Beschlussfassung nicht gem. § 173 I 1 NKomVG beanstanden (a. A. bei entsprechender Begründung auch vertretbar).

VI. Das Einschreiten der Kommunalaufsicht bei mehreren Beschlüssen

„Reduzierung von Krippenbeiträgen" und „Erhöhung der Qualitätsstandards im Kindergarten"

Fragestellung und Sachverhalt

Ihnen als zuständigem/r Mitarbeiter/in der Kommunalaufsicht wird folgender Sachverhalt zugetragen. Fertigen Sie eine Handlungsempfehlung:

In der niedersächsischen kreisfreien Stadt A (Bürger: 99.000, Einwohnerinnen und Einwohner: 100.500) fand die Sitzung des Rates am 20. 12. 2020 statt.

Für die Ratssitzung am 20. 12. 2010 wurde die Einladung zusammen mit der Tagesordnung am 10. 12. 2020 an alle Ratsmitglieder versandt. Die Tagesordnung beinhaltete u. a. den Tagesordnungspunkt: Reduzierung von Kindergartenkrippenbeiträgen für Eltern der Stadt A. Am 20. 12. 2020 und damit am Tag nach der Verwaltungsausschusssitzung ging beim Bürgermeister ein Schreiben der C-Fraktion ein, in dem sie unter dem Tagesordnungspunkt Reduzierung von Kindergartenkrippenbeiträgen (s. o.) auch die Anhebung der bisherigen Qualitätsstandards im Kindergarten behandeln will.

In der Ratssitzung am 20. 12. 2020 führte der Ratsvorsitzende zu Beginn der Sitzung unter dem Tagesordnungspunkt „Feststellung der Tagesordnung" aus, dass eine Behandlung der Thematik „Qualitätsstandard im Kindergarten" im Rahmen des Tagesordnungspunktes Reduzierung von Kindergartenbeiträgen nicht möglich sei. Daraufhin bat die C-Fraktion um die Möglichkeit der Erläuterung und erklärte, dass nach der Geschäftsordnung Zusatz- und Abänderungsanträge ohne Einhaltung einer Frist gestellt werden können und bat um Abstimmung, ob der Zusatzantrag in der heutigen Sitzung behandelt werden soll. Aufgrund der einfachen Mehrheit sah sich der Ratsvorsitzende verpflichtet, die Tagesordnung zu erweitern. Sowohl die Reduzierung der Kindergartenkrippenbeiträge als auch die Anhebung der bisherigen Qualitätsstandards im Kindergarten wurden ohne Gegenstimme und Enthaltung beschlossen, wobei alle Ratsmitglieder anwesend waren.

Auszug aus der aktuellen Hauptsatzung der Stadt A:

§ 1 Benennung und Hoheitszeichen

Die Stadt führt den Namen A. Das Stadtwappen zeigt einen weißen Hirsch. Die Stadtfarben sind orange und silber.

§ 2 Rat der Stadt

Die Ratsmitglieder führen die Bezeichnung „Ratsherr" oder „Ratsfrau".

§ 3 Reduzierung der Anzahl der zu wählenden Ratsmitglieder

Die Anzahl der zu wählenden Ratsmitglieder reduziert sich für die Wahlperiode ab dem 01. 11. 2016 um vier.

§ 4 Festlegung von Wertgrenzen

Über Rechtsgeschäfte i. S. d. § 58 Abs. 1 Nr. 14 NKomVG beschließt der Rat, wenn der Vermögenswert 1.000.000,- Euro übersteigt.

....

Auszug aus der Geschäftsordnung des Rates der Stadt A:

§ 1 Einberufung

Der Rat ist einzuberufen, sooft es erforderlich ist, jedoch mindestens einmal in drei Monaten.

§ 2 Ladung

(1) Die Ladungsfrist beträgt für den Rat grundsätzlich eine Woche. In Eilfällen kann die Frist auf 48 Stunden abgekürzt werden. Auf die verkürzte Frist ist in der Ladung ausdrücklich hinzuweisen.

(2) Der Ladung sind die Tagesordnung und zu jedem Beratungsgegenstand grundsätzlich eine Vorlage der Verwaltung beizufügen. In Eilfällen kann der Bürgermeister in Anwendung des Abs. 1 die Tagesordnung nachträglich ergänzen.

§ 3 Tagesordnung

(1) Der Bürgermeister stellt die Tagesordnung auf; eine Fraktion, eine Gruppe und jedes Ratsmitglied kann verlangen, dass ein bestimmter Beratungsgegenstand auf die Tagesordnung gesetzt wird.

(2) Das Verlangen nach Abs. 1 ist spätestens drei Tage vor Beginn der Ladungsfrist beim Bürgermeister anzuzeigen. In Eilfällen kann die Abkürzung der Ladungsfrist beantragt werden. § 2 Abs. 1 gilt entsprechend.

(3) Erweiterungen der Tagesordnung kann der Rat in der Sitzung beschließen, wenn sämtliche Ratsmitglieder anwesend sind und zustimmen. In dringlichen Fällen kann die Tagesordnung zu Beginn der Sitzung durch Beschluss des Rates mit einer Mehrheit von zwei Dritteln seiner Mitglieder erweitert werden.

(4) Anträge können nur bis zum Beschluss des Rates über die Feststellung der Tagesordnung vom Antragsteller zurückgenommen werden. Danach ist die Rücknahme nur mit Zustimmung der Mehrheit des Rates möglich.

……

§ 9 Anträge

Ohne Einhaltung einer Frist können folgende Anträge gestellt und zur Abstimmung gebracht werden:

a) Änderung der Reihenfolge der Tagesordnung

b) Verweisung an einen Ausschuss

c) Schluss der Debatte

d) Zusatz- und Abänderungsanträge

e) Verlängerung der Redezeit

f) Vertagung oder Aufhebung eines Tagesordnungspunktes

g) Unterbrechung, Vertagung oder Aufhebung der Sitzung

Lösungshinweis

Zu untersuchen ist, ob das Kommunalaufsichtsreferat als Kommunalaufsicht die Beschlussfassungen des Rates der Stadt A in der Sitzung vom 20. 12. 2010 über die Reduzierung von Kindergartenkrippenbeiträge und die Anhebung der Qualitätsstandards nach § 173 I 1 NKomVG beanstanden sollte. Danach kann die Kommunalaufsicht Beschlüsse oder andere Maßnahmen einer Kommune oder Bürgerentscheide beanstanden, wenn sie das Gesetz verletzten.

I. Zuständigkeit des Kommunalaufsichtsreferats

Zunächst müsste es sich beim Kommunalaufsichtsreferat des Niedersächsischen Ministeriums um die Kommunalaufsicht über die Stadt A handeln. Für die sachliche Zuständigkeit müsste es sich um eine Angelegenheit des eigenen Wirkungskreises der Stadt A handeln. Die Stadt A ist hinsichtlich der Beschlussfassung über Krippenbeiträge und der Anhebung von Qualitätsstandards im Rahmen des eigenen Wirkungskreises tätig, zumal die Angelegenheiten der örtlichen Gemeinschaft in der Gemeinde wurzeln und auf diese einen spezifischen Bezug haben (Wurzeltheorie des BVerfG) gem. § 5 I 1 NKomVG.

Ferner müsste die instanzielle Zuständigkeit des Ministeriums vorliegen. Bei der Stadt A handelt es sich gem. § 14 VI NKomVG um eine kreisfreie

Stadt, folglich ist die Kommunalaufsichtsbehörde das Ministerium für Inneres. Die Organe der Stadt A heißen nach § 7 I, II 2 NKomVG Rat, Verwaltungsausschuss und Oberbürgermeisterin bzw. Oberbürgermeister.

Die örtliche Zuständigkeit des Ministeriums für Inneres ergibt sich aus § 3 I 3b VwVfG i. V. m. § 1 I Nds. VwVfG. Die Zuständigkeit des Ministeriums für Inneres ist folglich gegeben, da sie die Kommunalaufsichtsbehörde (KAB) über die Stadt A ist.

II. Materielle Rechtmäßigkeit der Beanstandung

1. Beschluss oder andere Maßnahme der Kommune oder Bürgerentscheid

In Betracht kommen vorliegend nur zwei Beschlüsse der Kommune. Bei einem Beschluss handelt es sich um eine abschließende Entscheidung eines Kollegialorgans durch Abstimmung oder Wahl mit Bindungswirkung für die Kommune. Hier hat der Rat der Stadt A eine Erhöhung von Beiträgen und Maßnahmen zur Qualitätssteigerung im Rahmen einer Ratssitzung vorgenommen, folglich liegen zwei Beschlüsse einer Kommune vor.

2. Gesetzesverletzung in formeller und/oder materieller Hinsicht

Ferner müssten die gefassten Beschlüsse rechtswidrig sein.

III. Vorlage Reduzierung der Kindergartenkrippenbeiträge

a) Die sachliche Zuständigkeit der Stadt A ist im Rahmen der Allzuständigkeit gem. §§ 1, 2 II HS 2, 4, 5 I 1 NKomVG gegeben. Ferner ist das Körperschaftsrecht der Finanzhoheit gem. § 2 II HS 1 NKomVG berührt. Die örtliche Zuständigkeit der Stadt A ist gem. § 3 I Nr. 4 VwVfG i. V. m. § 1 I Nds. VwVfG gegeben.

b) Organzuständigkeit

Mangels spezialgesetzlicher Zuweisungsnorm ist für die Reduzierung der Kindergartenkrippenbeiträge der Rat nach § 58 I 7 NKomVG zuständig.

c) Beschlussfähigkeit

Der Rat ist nach § 65 I S. 1, Alt. 1 NKomVG beschlussfähig, da eine ordnungsgemäße Einladung gem. § 59 I NKomVG vorliegt. So hat der OB die übrigen Ratsmitglieder unter Mitteilung der Tagesordnung schriftlich eingeladen (§ 59 I S.1 NKomVG) und dabei die Ladungsfrist von einer Woche § 59 I 2 NKomVG i. V. m. der GO gewahrt. Bei der Berechnung der Mehrheit der Mitglieder ist zu beachten, dass von der Möglichkeit des § 46 III NKomVG laut Hauptsatzung Gebrauch gemacht worden ist. Laut Sachverhalt waren sogar alle Ratsmitglieder anwesend. Die Beschlussfähigkeit ist folglich nach § 65 I 1 Alt. 1 NKomVG gegeben.

d) Vorbereitung

Von einer ordnungsgemäßen Vorbereitung des Verwaltungsausschusses ist gem. § 76 I NKomVG auszugehen.

e) Abstimmung

Die nach § 66 I NKomVG erforderliche Mehrheit ist gegeben, das Verfahren nach § 66 II NKomVG ist beachtet worden.

f) Für ein Mitwirkungsverbot bestehen keine Anhaltspunkte.

g) Öffentlichkeit: Mangels Gründen des öffentlichen Wohls oder berechtigter Interessen Einzelner ist die Sitzung zu Recht gem. § 64 NKomVG öffentlich und die Bekanntmachung ist nach § 59 V NKomVG beachtet worden.

h) Sonstiges: Die Sitzungsleitung erfolgte nach § 63 I NKomVG durch den Ratsvorsitzenden rechtmäßig, den Ratsmitgliedern steht nach § 56 NKomVG ein Antragsrecht zu.

Zwischenergebnis

Die Beschlussfassung ist formell und mangels gegenteiliger Anhaltspunkte auch materiell rechtmäßig, da die Stadt A im Rahmen ihrer Allzuständigkeit nach § 2 II HS 2 NKomVG von ihrem Recht der Beitragsanpassung Gebrauch gemacht hat und keine Ermessensfehler – ebenso wie ein Verstoß gegen § 110 II NKomVG – ersichtlich sind.

IV. Antrag auf Anhebung der Qualitätsstandards im Kindergarten

Bei der Anhebung der Standards im Kindergarten handelt es sich um einen eigenständigen Tagesordnungspunkt und nicht um einen Änderungsantrag i. S. d. des § 9d der GO des Rates. So liegt kein unmittelbarer Zusammenhang mit der Reduzierung der Beiträge vor, sodass von einem eigenständigen aliud als eigener Tagesordnungspunkt auszugehen ist.

a) Verbandszuständigkeit

Die sachliche Zuständigkeit der Stadt A ist im Rahmen der Allzuständigkeit §§ 1, 2 II HS 2, 4 ,5 I 1 NKomVG gegeben; örtlich zuständig ist sie gem. § 3 I Nr. 4 VwVfG i. V. m. § 1 I Nds. VwVfG.

b) Organzuständigkeit

Für die Qualitätsfestsetzung kann der Rat nach § 58 I 1 NKomVG oder der VA (je nach Argumentation) zuständig sein. Hier wäre die Richtlinienkompetenz auszuführen und das Ergebnis zu begründen.

c) Beschlussfähigkeit

Wie bereits geprüft war der Rat zu Beginn der Sitzung beschlussfähig, welche nach § 65 I S. 3 NKomVG fortwirkt, sofern keine Beschlussunfähigkeit geltend gemacht wird. Dies gilt jedoch nur für Tagesordnungspunkte, die auf der ursprünglichen Tagesordnung standen. Da es sich um einen eigenen Punkt handelt, müsste dieser zunächst wirksam auf die Tagesordnung gekommen sein. Dieses könnte über § 59 III 5 NKomVG erfolgt sein. Dafür ist gem. § 59 III S. 5 NKomVG ein Ratsbeschluss zu Beginn der Sitzung mit $^{2}/_{3}$ Mehrheit notwendig, ebenso die Annahme eines dringenden Falles. Zwar ist ein Beschluss zu Sitzungsbeginn mit einfacher Mehrheit erfolgt, jedoch ist die Mehrheit von $^{2}/_{3}$ der Mitglieder nicht erreicht worden. Ferner müsste ein dringender Fall vorgelegen haben. Ein dringender Fall liegt dann vor, wenn nicht die nächste Ratssitzung abgewartet werden könnte (auch mit verkürzter Ladungsfrist), ohne dass der Stadt ein Schaden entsteht. Dies ist hier nicht zu befürchten, sodass die Tagesordnung rechtswidrig erweitert wurde. Der Rat war folglich bei diesem Tagesordnungspunkt nicht beschlussfähig, der Beschluss ist formell rechtswidrig und sogar nichtig.

d) Vorbereitung

Die notwendige Vorbereitung durch den VA gem. § 76 I 1 NKomVG hat nicht stattgefunden. Hierzu wäre notfalls eine Unterbrechung der Sitzung des Rates notwendig. Der Beschluss ist daher unwirksam.

e) Abstimmung

Es liegen keine Anhaltspunkte für einen Verstoß gegen die notwendige einfache Mehrheit nach § 66 I NKomVG und das Verfahren gem. § 66 II NKomVG vor.

Zwischenergebnis:

Der Beschluss ist formell rechtswidrig, aufgrund der Schwere der Fehler sogar nichtig. Mangels erkennbaren Ermessensfehlers wäre die materielle Rechtmäßigkeit aufgrund der Allzuständigkeit nach § 2 II HS. 2 NKomVG gegeben.

Rechtsfolge des § 173 I 1 NKomVG

Die KAB hat sowohl Entschließungs- als auch Auswahlermessen. Bei der Auswahl ist § 40 VwVfG zu berücksichtigen. Das bedeutet, dass der Zweck der Beanstandung dem Zweck der Ermächtigung entsprechen und die gesetzlichen Grenzen, insbesondere den Grundsatz der Verhältnismäßigkeit einhalten müsste.

Zwar soll die Aufsicht nach § 170 I 3 NKomVG zwar zurückhaltend ausgeübt werden, im Rahmen des Entschließungsermessens ist jedoch zu berücksichtigen, dass nicht nur ein formeller Fehler vorliegt, sondern die Beschlussfassung zur Anhebung der Qualitätsstandards sogar nichtig ist. Da ein Einschreiten der KAB die Rechtswidrigkeit beseitigen könnte, sollte die KAB einschreiten.

Hinsichtlich des Auswahlermessens würde die Beanstandung den Zweck des § 173 I 1 NKomVG, rechtmäßige Zustände herzustellen, erreichen. Zu den Grenzen des Ermessens gehört insbesondere der Verhältnismäßigkeitsgrundsatz, nach dem das Eingreifen geeignet, erforderlich und angemessen sein muss. Geeignet ist die Maßnahme, da der Beschluss nach der Beanstandung gem. § 173 I 2 NKomVG nicht vollzogen werden darf. Selbst bei einem nichtigen Beschluss gilt es, den Rechtsschein zu beseitigen.

Erforderlich ist die Maßnahme, wenn ein milderes Mittel, insbesondere der gesetzlich nicht geregelte Hinweis, nicht in Betracht kommt. Da die Beschlussfassung sogar nichtig ist, ist die Maßnahme der Beanstandung auch erforderlich. Ferner müsste die Beanstandung auch angemessen sein. Zwar greift die Beanstandung in das Recht auf kommunale Selbstverwaltung ein (vgl. auch § 170 I 3 NKomVG), allerdings dient der Eingriff hier der Herstellung rechtmäßiger Zustände, der vor dem Hintergrund des Grundsatzes vom Vorrang des Gesetzes (vgl. Art. 20 III GG) bei der Abwägung überwiegt. Die Beanstandung wäre also auch angemessen und damit insgesamt verhältnismäßig.

Entscheidungsvorschlag: *Das Ministerium für Inneres sollte als KAB die Beschlussfassung über die Anhebung der Qualitätsstandards gem. § 173 I 1 NKomVG beanstanden.*

H. Sonstiges

I. Die beratenden Ausschüsse

Mit dem Entwurf vom 26 .04. 2021 zur Änderung des Niedersächsischen Kommunalverfassungsgesetzes und anderer kommunalrechtlicher Vorschriften (Drucksache 18/9075) ist eine Änderung des § 71 NKomVG geplant, da der aktuelle Gesetzgeber das Wahlverfahren nach § 71 II NKomVG für die Ausschussbesetzung von Hare-Niemeyer auf das D`Hondtsche-Höchstzahlverfahren wieder umstellen will. Da beide Verfahren in der Vergangenheit Anwendung gefunden haben, wird aus Gründen der Vollständigkeit zunächst die aktuelle Gesetzeslage bei Drucklegung (Hare-Niemeyer) und anschließend die beabsichtige Gesetzeslage vorgestellt.

Aktuelle Gesetzeslage

Zur vorbereitenden Beschlussfassung kann die Vertretung nach § 71 I NKomVG aus der Mitte der Abgeordneten sogenannte beratende Ausschüsse bilden. Da die Berechnung der richtigen Zusammensetzung von Ausschüssen immer wieder Gegenstand von Klausuren ist, werden nachfolgend entsprechende Hilfestellungen gegeben.

Da diese Ausschüsse in der Regel keine Organstellung besitzen, darf dem Prüfling keine Verwechslung mit dem Hauptausschuss, der nach § 7 I NKomVG ein Organ der Kommune ist, vorkommen. Die Hauptaufgabe der beratenden Ausschüsse besteht im Wesentlichen darin, Empfehlungen für die Vertretung zu erarbeiten oder Anregungen zu geben. Daher werden die Ausschüsse auch durch die Politik mit ihren jeweiligen Fachleuten besetzt. Entscheidungen in der Sache können diese Ausschüsse mit Ausnahme der Ausschüsse nach § 76 III NKomVG nicht treffen. Nach § 85 I 2 NKomVG soll die Hauptverwaltungsbeamtin bzw. der Hauptverwaltungsbeamte die Ausschüsse der Vertretung im Rahmen der Vorbereitung der Beschlüsse des Hauptausschusses beteiligen.

Zu unterscheiden sind Pflichtausschüsse, die die Kommune einzurichten hat, von den freiwilligen Ausschüssen wie z. B. der Personal-, Bau-, Kultur-, Finanz-, Bürgerdienste- und Umweltausschuss, über deren Einrichtung die Kommune frei entscheiden kann.

Die Pflichtausschüsse werden unterschieden in die sogenannten absoluten Pflichtausschüsse wie z. B. den Schulausschuss gem. § 110 NSchG, den Jugendhilfeausschuss gem. §§ 70, 71 SGB VIII – KJHG, zu deren Einrichtung Landkreise und kreisfreie Städte verpflichtet sind, den Grundstücksverkehrsausschuss gem. § 41 I LandwKammerG und den bedingten Pflichtausschüssen wie z. B. den Betriebsausschuss gem. §140 II NKomVG und den Umlegungsausschuss gem. § 46 BauGB, §§ 3ff. BauGB-DVO. Für diese Ausschüsse gelten nach § 73 NKomVG grundsätzlich die Regelungen der §§ 71 und 72 NKomVG, sofern sondergesetzlich keine andere Regelung getroffen worden ist.

Zwar werden die Ausschüsse in der Regel in der jeweiligen konstituierenden Sitzung der Vertretung zu Beginn der Wahlperiode errichtet, jedoch können diese auch nach § 71 IX 1 NKomVG jederzeit von der Vertretung aufgelöst oder neu gebildet werden. Auch muss eine Ausschussneubesetzung erfolgen, wenn seine Zusammensetzung nicht mehr dem Verhältnis der Stärke der Fraktionen und Gruppen entspricht und ein Antrag auf Neubesetzung gem. § 71 IX 2 NKomVG gestellt wird.

Steht der Kommune grundsätzlich frei, welchen Ausschuss sie zur Vorbereitung ihrer Beschlüsse einrichten will, so steht ihr auch ein Ermessen hinsichtlich seiner Größe zu. Um die Funktionsfähigkeit des Ausschusses zu gewährleisten, müssen nicht alle, jedoch die größeren Fraktionen bzw. Gruppen, im Ausschuss vertreten sein.

1. Die Sitzverteilung nach § 71 II NKomVG

Soll der Ausschuss aus mehreren Abgeordneten bestehen, muss eine Verteilung auf die jeweiligen im Rat vertretenen Parteien erfolgen. Diese Verteilung erfolgt nach aktueller Gesetzeslage nach dem Hare-Niemeyer-Verfahren. Im Gegensatz zum D'Hondtschen-Höchstzahlverfahren begünstigt es die kleineren Parteien. Die Vertretung kann aber nach § 71 X NKomVG einstimmig beschließen, dass ein anderes Verfahren angewandt wird.

Ausgangsfall

Die Vertretung einer Kommune mit 30 Abgeordneten hat in ihrer konstituierenden Sitzung beschlossen, u. a. einen Kulturausschuss einzurichten, dem 7 Abgeordnete angehören sollen. Aufgrund des Ergebnisses der letzten Kommunalwahl setzt sich die Vertretung aus Mitgliedern folgender Fraktionen zusammen:

Fraktion A: 14 Abgeordnete

Fraktion B: 9 Abgeordnete

Fraktion C: 7 Abgeordnete.

Berechnen Sie die Ausschussbesetzung nach § 71 II NKomVG!

Für die jeweilige Fraktion bzw. Gruppe ergibt sich folgende Berechnung:

Anzahl der Fraktionsmitglieder/Gesamtzahl aller Fraktionsmitglieder x Anzahl der Sitze

Für die Fraktionen aus dem Beispiel bedeutet dies:
Fraktion A: 14 / 30 × 7 = 3,26

Fraktion B: 9 / 30 × 7 = 2,1

Fraktion C: 7 / 30 × 7 = 1,63.

Nach § 71 II 3 NKomVG erhalten die jeweiligen Fraktionen damit zunächst so viele Sitze, wie sich für sie ganze Zahlen ergeben: Fraktion A erhält also 3 Sitze, Fraktion B 2 Sitze und Fraktion C 1 Sitz. Da somit jedoch erst 6 von den 7 Sitzen verteilt sind, greift nun § 71 II 4 NKomVG wonach nun die Fraktion einen weiteren Sitz erhält, die über den höchsten Zahlenbruchteil verfügt. Dieses wäre im Beispiel die Fraktion C mit dem Zahlenbruchteil von 63. Folglich werden die 7 Sitze des Kulturausschusses wie folgt besetzt: Fraktion A erhält 3 Sitze, Fraktion B und C jeweils 2 Sitze.

Sofern zwei Fraktionen über einen gleichen Zahlenbruchteil verfügen, würde nach § 71 II 6 NKomVG das Los darüber entscheiden, wer den Sitz erhält.

Abwandlung

Unter Bezugnahme auf den Ausgangsfall hatte die Kommunalwahl folgendes Wahlergebnis ergeben:

Fraktion A: 14 Abgeordnete

Fraktion B: 8 Abgeordnete

Gruppe C: 7 Abgeordnete

Einzelbewerber David

Berechnen Sie die Ausschussbesetzung nach § 71 II NKomVG!

Im Gegensatz zum Ausgangsfall sind jetzt nicht nur Fraktionen und Gruppen in der Vertretung vertreten, sondern auch ein Einzelbewerber. Dieser darf jedoch bei der Berechnung der Ausschusssitze nicht berücksichtigt werden, da nach dem Gesetzeswortlaut des § 71 II 2 NKomVG die Sitze nur auf die Fraktionen und Gruppen verteilt werden. Es ergibt sich damit folgende Berechnung:

Fraktion A: 14 / 29 × 7 = 3,37

Fraktion B: 8 / 29 × 7 = 1,93

Gruppe C: 7 / 29 × 7 = 1,68.

Nach § 71 II 3 NKomVG erhalten die jeweiligen Fraktionen damit zunächst so viele Sitze, wie sich für sie ganze Zahlen ergeben: Fraktion A erhält also 3 Sitze, Fraktion B 1 Sitz und Fraktion C 1 Sitz. Da somit jedoch erst 5 von den 7 Sitzen verteilt sind, greift nun § 71 II 4 NKomVG, wonach nun die Fraktionen einen weiteren Sitz erhalten, die über den höchsten Zahlenbruchteil verfügen. Dieses wäre im Beispiel zunächst die Fraktion C mit dem Zahlenbruchteil von 93 und dann die Gruppe C mit 68. Folglich werden die 7 Sitze des Kulturausschusses wie folgt besetzt: Fraktion A erhält 3 Sitze, Fraktion B und Gruppe C jeweils 2 Sitze.

2. Die Sonderregel des § 71 III NKomVG

Wie bereits oben ausgeführt soll die Zusammensetzung der Ausschüsse die Mehrheitsverhältnisse der Vertretung widerspiegeln. Hierfür bedarf es jedoch bei bestimmten Konstellationen einer Korrektur, was anhand des folgenden Beispiels deutlich gemacht wird:

> Beispiel:
>
> Aufgrund der letzten Kommunalwahl einer Kommune mit 351.000 Einwohnerinnen und Einwohnern haben sich in der Kommune folgende Fraktionen gebildet. Faktion A mit 31 Mitgliedern, Fraktion B mit 23 Mitgliedern und Fraktion C mit 6 Mitgliedern. Nach § 71 II NKomVG berechnet sich die Sitzverteilung für einen Ausschuss mit 7 Mitgliedern wie folgt:
>
> Fraktion A: 31 / 60 x 7 = 3,61
>
> Fraktion B: 23 / 60 x 7 = 2,68
>
> Fraktion C: 6 / 60 x 7 = 0,7

Damit würde die Fraktion A 3 Sitze, Fraktion B 3 (2 +1) Sitze und Fraktion C 1 Sitz erhalten. Das würde bedeuten, dass Fraktion A, obwohl sie mit 31 Abgeordneten die Mehrheit aller Abgeordneten von 60 stellt, in dem Ausschuss nicht über die Mehrheit der Sitze verfügt. Insofern bedarf es mit

§ 71 III NKomVG einer Korrektur insofern, als dass sie nach Verteilung der Sitze nach den ganzen Zahlen einen Vorabsitz erhält, bevor dann eine Restverteilung nach den Zahlenbruchteilen erfolgt. Damit wird sichergestellt, dass die Fraktion A mit dann 4 Sitzen die Mehrheit auch in dem Ausschuss stellt. Es ergibt sich damit die folgende Verteilung nach §§ 71 II, III NKomVG:

Fraktion A: 3 Sitze nach ganzen Zahlen + Vorabsitz nach § 71 III NKomVG = 4 Sitze

Fraktion B: 2 Sitze nach ganzen Zahlen

Fraktion C: kein Sitz nach ganzen Zahlen, jedoch aufgrund des höchsten Zahlenbruchteils 1 Sitz.

3. Die Sitzverteilung nach § 71 IV NKomVG

Bei den vorstehenden Beispielen haben aufgrund der auskömmlichen Ausschussgröße alle im Rat vertretenen Fraktionen und Gruppen jeweils zumindest einen stimmberechtigten Sitz erhalten. Dieses wäre jedoch nachfolgend nicht gegeben:

Die Vertretung einer Kommune verfügt über 40 Sitze. Es soll ein Ausschuss mit 5 Sitzen gegründet werden. Die Vertretung setzt sich wie folgt zusammen:

Fraktion A: 18 Sitze

Fraktion B: 12 Sitze

Fraktion C: 8 Sitze

Fraktion D: 2 Sitze.

Damit ergibt sich folgende Sitzverteilung:

Fraktion A: 18 / 40 × 5 = 2,25

Fraktion B: 12 / 40 × 5 = 1,5

Fraktion C: 8 / 40 × 5 = 1

Fraktion D: 2 / 40 × 5 = 0,25.

Die Fraktion A hat demnach 2 Sitze, Fraktion B 2 Sitze (1 Sitz nach ganzen Zahlen und 1 Sitz nach Zahlenbruchteilen), Fraktion C 1 Sitz und Fraktion D keinen Sitz. Nach § 71 IV 1 NKomVG ist die Fraktion D in diesem Fall berechtigt, ein zusätzliches Mitglied aber nur mit beratender Stimme in den Ausschuss zu entsenden. Dies gilt lediglich dann nach § 71 IV 2 NKomVG nicht, wenn bereits ein Mitglied der Fraktion D von einer anderen Fraktion aufgrund einer vorliegenden interfraktionellen Absprache als Ausschussmitglied auf deren Kontingent benannt worden ist. Wenn z. B. die Fraktion A mit der Fraktion D zusammenarbeiten würde und die Fraktion A ein Mitglied der Fraktion D mit einem Sitz betraut, der der Fraktion A zusteht.

Im Ergebnis heißt das, dass einer Fraktion oder Gruppe in jedem Ausschuss zumindest ein Grundmandat zusteht, selbst wenn sie keinen stimmberechtigten Sitz nach der Sitzverteilung gemäß Hare/Niemeyer erhalten hat.

Dagegen haben Einzelbewerber gem. § 71 IV 3 NKomVG nur das Recht, in einem Ausschuss ihrer Wahl ein Grundmandat zu erhalten. Dieses Recht verlieren sie aber dann, wenn der Bewerber bereits von einer anderen Fraktion oder Gruppe mit einem Ausschusssitz betraut worden ist.

4. Die Besetzung von gemischten Ausschüssen nach § 71 VII NKomVG

Nach § 71 VII NKomVG kann die Vertretung beschließen, dass auch Personen, die nicht Abgeordnete sind, dem Ausschuss angehören. Bei diesen darf es sich jedoch nicht um Beschäftigte der Kommune handeln. Die Zahl dieser Ausschussmitglieder muss sich unter $^{1}/_{3}$ der Anzahl der Mitglieder des Ausschusses belaufen, ihnen kommt kein Stimmrecht im Ausschuss zu. Von dieser Regelung wird immer dann Gebrauch gemacht, wenn z. B. Expertenwissen benötigt wird.

Beispiel:

Bei der Kommune soll ein Ausschuss mit 9 Mitgliedern für die Verschönerung der Fußgängerzone errichtet werden, wobei ein Sitz für den Leiter der örtlichen Polizei und ein Sitz für den Leiter des örtlichen Unternehmerzusammenschlusses vorgehalten werden soll. Die Vertretung der Gemeinde besteht aus 40 Abgeordneten, wobei die Fraktion A über 19 Sitze, die Fraktion B über 14 Sitze und die Fraktion C über 6 Sitze verfügt. Neben den Fraktionen gehört der Parteilose Wesche der Vertretung an. Ein abweichendes Verfahren nach § 71 X NKomVG ist nicht bestimmt worden.

Bei einem gemischten Ausschuss erfolgt die Sitzverteilung in zwei Stufen. Zunächst wird die Verteilung auf die Abgeordneten gem. § 71 II NKomVG vorgenommen. Damit werden die 7 Sitze (von den 9 Sitzen sind 2 Sitze für externe Personen vorgesehen):

Fraktion A: 19 / 39 × 7 = 3,41

Fraktion B: 14 / 39 × 7 = 2,51

Fraktion C: 6 / 39 × 7 = 1,07

Fraktion A erhält folglich 3 Sitze, Fraktion B 3 Sitze (2 Sitze und 1 Sitz aufgrund des höchsten Zahlenbruchteils) und Fraktion C erhält 1 Sitz.

Der Einzelbewerber Wesche erhält kein Grundmandat, sofern er bereits in einem anderen Ausschuss ein Grundmandat innehat.

In der zweiten Stufe wird nun das Vorschlagsrecht für die Sitze der externen Personen berechnet:

Fraktion A: 19 / 39 × 2 = 0,97

Fraktion B: 14 / 39 × 2 = 0,71

Fraktion C: 6 / 39 × 2 = 0,30

Demnach steht das Vorschlagsrecht für einen Sitz der Fraktion A und für den anderen Sitz der Fraktion B zu. Von diesem Vorschlagsrecht haben sie ausdrücklich keinen Gebrauch gemacht. Auch ist kein abweichendes Verfahren gem. § 71 X NKomVG beschlossen worden. Da Fraktion A und B jedoch der Besetzung mit dem Leiter der Polizei und des Unternehmerzusammenschlusses zugestimmt haben, folgert die herrschende Meinung daraus, dass ein konkludenter Vorschlag der Fraktionen A und B damit erfolgt ist. Insofern muss von dem Vorschlagsrecht nicht ausdrücklich Gebrauch gemacht werden.

5. Der Ausschussvorsitz nach § 71 VIII NKomVG

Die Verteilung der Ausschussvorsitze wird nach der aktuellen Gesetzeslage nach dem Höchstzahlverfahren nach d'Hondt berechnet. Auch hier werden nur Fraktionen und Gruppen in die Berechnung einbezogen, Einzelkandidaten bleiben unberücksichtigt. Grundsätzlich könnte nach § 71 X NKomVG ein abweichendes Verfahren von der Vertretung beschlossen werden, jedoch wird hiervon in der Praxis kein Gebrauch gemacht.

Beispiel:

In einer Kommune mit 40 Abgeordneten und vier Ausschüssen verteilen sich die Sitze auf die Fraktionen wie folgt:

Fraktion A: 19 Sitze, Fraktion B: 11 Sitze, Fraktion C: 9 Sitze und Einzelbewerber Wesche

Es ergibt sich damit folgende Berechnung:

Teiler	Fraktion A	Fraktion B	Fraktion C
1	19	11	9
2	9,5	5,5	4,5
3	6,33	3,66	3
…			

Da nur vier Ausschussvorsitze verteilt werden müssen, genügt die Berechnung bis zum Teiler drei. Nun erhält die Fraktion A mit dem Wert von 19 zunächst im Rahmen des Zugriffsverfahrens das Recht, zu bestimmen, in welchem Ausschuss von den vier Ausschüssen der Kommune sie den Vorsitz bestimmen will. Danach folgt die Fraktion B mit dem Wert 11, danach wieder die Fraktion A mit dem Wert 9,5 und abschließend die Fraktion C mit dem Wert von 9. Im Anschluss daran benennen die Fraktionen oder Gruppen die Vorsitzenden aus der Mitte der den Ausschüssen angehörenden Abgeordneten gem. § 71 VIII 4 NKomVG. Während für eine externe Person bei einem Ausschuss nach § 71 VII die Übernahme des Vorsitzes wohl nicht möglich sein dürfte, ist dieses jedoch auch einem Grundmandatsinhaber zuzubilligen (siehe auch Thiele, NKomVG, § 71 Rn. 27).

Da eine Berechnung der Ausschussbesetzung vielfach als Prüfungsleistung verlangt wird, sollte sich der Prüfling mit den Verfahren nach Hare/Niemeyer und d'Hondt vertraut machen. Ferner ist zu beachten, dass sich auch die Besetzung des Hauptausschusses gem. § 75 I NKomVG auf Teile des § 72 II, III, IV, V und X NKomVG bezieht. Ist die Besetzung des Hauptausschusses zu berechnen, ist der Prüfling gut beraten, streng darauf zu achten, auf welche Stelle des § 72 NKomVG verwiesen wird.

6. Aktueller Gesetzesentwurf vom 26. 04. 2021

Zur vorbereitenden Beschlussfassung kann die Vertretung nach § 71 I NKomVG aus der Mitte der Abgeordneten sogenannte beratende Ausschüsse bilden. Da die Berechnung der richtigen Zusammensetzung immer wieder Gegenstand von Klausuren ist, werden nachfolgend entsprechende Hilfestellungen gegeben.

Zwar werden die Ausschüsse in der Regel in der jeweiligen konstituierenden Sitzung der Vertretung zu Beginn der Wahlperiode errichtet, jedoch können diese auch nach § 71 VIII 1 NKomVG jederzeit von der Vertretung aufgelöst oder neu gebildet werden. Auch muss eine Ausschussbesetzung erfolgen, wenn seine Zusammensetzung nicht mehr dem Verhältnis der Stärke der Fraktionen und Gruppen entspricht und ein Antrag auf Neubesetzung gem. § 71 VIII 2 NKomVG gestellt wird. Insofern wird von der Ausschussbesetzung in Prüfungsleistungen rege Gebrauch gemacht.

Die Sitzverteilung nach § 71 II NKomVG

Soll der Ausschuss aus mehreren Abgeordneten bestehen, muss eine Verteilung auf die jeweiligen im Rat vertretenen Parteien erfolgen. Diese Verteilung erfolgt nach der bei Drucklegung aktuellen Gesetzeslage nach dem

Hare-Niemeyer-Verfahren. Es ist jedoch geplant, wieder auf das D`Hondtsche-Höchstzahlverfahren umzustellen, welches die größeren Parteien begünstigt. Die Vertretung kann aber nach § 71 IX NKomVG einstimmig beschließen, dass ein anderes Verfahren angewandt wird.

Ausgangsfall

Die Vertretung einer Kommune mit 30 Abgeordneten hat in ihrer konstituierenden Sitzung beschlossen, u.a. einen Kulturausschuss einzurichten, dem 7 Abgeordnete angehören sollen. Aufgrund des Ergebnisses der letzten Kommunalwahl setzt sich die Vertretung aus Mitgliedern folgender Fraktionen zusammen:

Fraktion A: 14 Abgeordnete

Fraktion B: 9 Abgeordnete

Fraktion C: 7 Abgeordnete.

Berechnen Sie die Ausschussbesetzung nach § 71 II NKomVG!

Für die jeweilige Fraktion bzw. Gruppe ergibt sich folgende Berechnung:

Teiler	Fraktion A	Fraktion B	Fraktion C
1	14	9	7
2	7	4,5	3,5
3	4,66	3	2,33
4	3,5	2,25	1,75
...			

Für die Fraktionen aus dem Beispiel bedeutet dies:

Fraktion A = 3 (Höchstzahl 14, 7 und 4,66)

Fraktion B = 2 (Höchstzahl 9 und 4,5)

Fraktion C = 1 (Höchstzahl 7).

Nach § 71 II 2 NKomVG werden die Sitze eines jeden Ausschusses auf die Fraktionen und Gruppen nach der Reihenfolge der Höchstzahlen verteilt, die sich durch Teilung der Mitgliederzahlen der Fraktionen und Gruppen durch 1, 2, 3 und so weiter ergeben. Über die Zuteilung übrig bleibender Sitze entscheidet bei gleichen Höchstzahlen das Los. Sofern zwei Fraktionen über einen gleichen Zahlenbruchteil verfügen, würde nach § 71 II 3 NKomVG das Los darüber entscheiden, wer den Sitz erhält. Insofern muss nunmehr zwischen der Fraktion A und C gelost werden, da beide einen

Zahlenbruchteil von 3,5 haben. Entweder erhält die Fraktion A einen vierten oder die Fraktion C einen zweiten Sitz.

Abwandlung

Unter Bezugnahme auf den Ausgangsfall hatte die Kommunalwahl folgendes Wahlergebnis ergeben:

Fraktion A: 14 Abgeordnete

Fraktion B: 8 Abgeordnete

Gruppe C: 7 Abgeordnete

Einzelbewerber David

Berechnen Sie die Ausschussbesetzung nach § 71 II NKomVG!

Im Gegensatz zum Ausgangsfall sind jetzt nicht nur Fraktionen und Gruppen in der Vertretung vertreten, sondern auch ein Einzelbewerber. Dieser darf jedoch bei der Berechnung der Ausschusssitze nicht berücksichtigt werden, da nach dem Gesetzeswortlaut des § 71 II 2 NKomVG die Sitze nur auf die Fraktionen und Gruppen verteilt werden. Es ergibt sich damit folgende Berechnung:

Teiler	Fraktion A	Fraktion B	Fraktion C
1	14	8	7
2	7	4	3,5
3	4,66	2,66	2,33
4	3,5	2	1,75
…			

Für die Fraktionen aus dem Beispiel bedeutet dies:

Fraktion A = 3

Fraktion B = 2

Fraktion C = 1.

Aufgrund der gleichen Höchstzahl von 3,5 der Fraktionen A und C muss wiederum um den siebten Ausschusssitz zwischen den beiden Fraktionen gelost werden.

Die Sonderregel des § 71 III NKomVG

Entgegen der aktuellen Gesetzeslage sieht der Entwurf vom 26.04.2021 die Sonderregel des § 71 III NKomVG nicht mehr vor. Der bisherige Absatz 3 wird gestrichen.

Die Sitzverteilung nach § 71 III NKomVG

Aufgrund der Streichung des aktuellen Absatzes 3 rücken alle bisherigen Absätze eine Nummer auf. Inhaltlich erfolgte in den bisherigen Absätzen keine Änderung. Lediglich die Verweisnormen werden den neu benannten Absätzen angepasst.

Da hinsichtlich der Inhalte der weiteren Absätze keine Änderung erfolgen wird, kann auf die Ausführungen zur aktuellen Gesetzeslage verwiesen werden. Zu beachten ist jedoch, dass die Nummer des Absatzes aufgrund der Streichung des bisherigen Absatzes 3 verändert wurde.

Aufgrund der Veränderung der Absätze in § 71 NKomVG wurden konsequenterweise auch die Verweisungsnormen in §§ 74 und 75 NKomVG angepasst. Ist die Besetzung des Hauptausschusses zu berechnen, ist der Prüfling gut beraten, streng darauf zu achten, auf welche Stelle des § 72 NKomVG verwiesen wird.

II. Beschließende Ausschüsse nach § 76 III NKomVG

Grundsätzlich handelt es sich bei den Ausschüssen nach § 71 NKomVG um Ausschüsse, die nur Ratsentscheidungen vorbereiten sollen. Jedoch kann solchen Ausschüssen auch gem. § 76 III NKomVG durch Beschlussfassung in der Hauptsatzung eine Entscheidungskompetenz für bestimmte Gruppen von Angelegenheiten aus dem Bereich der Lückenkompetenz des Hauptausschusses zugebilligt werden. Die Satzungsregelung ist nach § 76 III 3 NKomVG bis zum Ende der Wahlperiode zu befristen. Durch die Übertragung von Entscheidungen wird der Ausschuss insofern zu einem weiteren Organ der Kommune.

III. Die konstituierende Sitzung der Vertretung

Die erste Sitzung der Vertretung zu Beginn der neuen Wahlperiode wird konstituierende Sitzung genannt. Der Ablauf dieser Sitzung wird vielfach in mündlichen Prüfungen als Prüfungsinhalt gewählt, aber bisweilen auch als Zusatzfrage in den schriftlichen Prüfungen.

Die Sitzung hat binnen eines Monats gem. § 59 II NKomVG nach Beginn der Wahlperiode stattzufinden. Die Einladung hierzu wird durch die Hauptverwaltungsbeamtin bzw. den Hauptverwaltungsbeamten gem. § 59 I 1 NKomVG bzw. der bisherigen Ratsvorsitzenden bzw. der bisherigen Ratsvorsitzenden aufgestellt. Die Ladungsfrist beträgt nach § 59 II 2 NKomVG eine Woche.

Ablauf der Sitzung

- Eröffnung und Begrüßung
- Feststellung der Beschlussfähigkeit durch die bzw. den ältesten Abgeordneten
- Pflichtenbelehrung und Verpflichtung der Abgeordneten durch die Hauptverwaltungsbeamtin bzw. den Hauptverwaltungsbeamten oder die älteste Abgeordnete bzw. den ältesten Abgeordneten gem. § 60 NKomVG
- Wahl der bzw. des Vorsitzenden gem. § 61 I NKomVG, anschließend übernimmt die gewählte Person den Vorsitz. Hiermit ist der Rat konstituiert.
- Beschluss über die Geschäftsordnung der Vertretung
- Bildung des Hauptausschusses gem. § 74 I NKomVG (Bestimmung der Beigeordneten)
- Wahl der stellvertretenden Hauptverwaltungsbeamte
- Bildung der Ausschüsse nach § 71 NKomVG
- Entsendung der Vertreter in Unternehmen und Einrichtungen gem. § 138 NKomVG
- Vereidigung der Hauptverwaltungsbeamtin bzw. des Hauptverwaltungsbeamten
- Bestimmung der Ortsvorsteher
- Weitere Tagesordnungspunkte unabhängig von der Konstituierung……

Eine überzeugende ausführliche Darstellung zur konstituierenden Ratssitzung finden Sie von Thiele in NST-N 2016, 166 ff. und in Rathaus und Recht, 2011, 11 ff.

IV. Satzungen

Da den Kommunen das Recht auf Selbstverwaltung zusteht, dürfen sie ihre Angelegenheiten der örtlichen Gemeinschaft selbst u. a. durch Satzungen regeln. Hiervon machen sie z. B. durch den Erlass von Bebauungsplänen oder durch Benutzungs- und Gebührensatzungen Gebrauch. Da die Kommune grundsätzlich der Exekutive zuzurechnen ist, mit dem Erlass von Satzungen jedoch rechtssetzend tätig wird, wird hier der Grundsatz der Gewaltenteilung durchbrochen. Das Satzungsrecht steht den Kommunen nur im Rahmen der Gesetze zu und wird in rechtlicher, räumlicher, personeller und zeitlicher Hinsicht beschränkt.

In rechtlicher Hinsicht erfolgt eine Beschränkung dadurch, dass die Kommune nur in Angelegenheiten der örtlichen Gemeinschaft, also im Bereich von Aufgaben des eigenen Wirkungskreises, grundsätzlich Satzungen erlassen darf. Dabei ist sie an den Grundsatz der Gesetzesmäßigkeit der Verwaltung gem. Art. 20 III GG gebunden. So benötigt die Kommune aufgrund des Vorbehalts des Gesetzes zum Erlass einer Satzung, die z. B. in Grundrechte der Einwohnerinnen und Einwohner eingreift, aufgrund der Wesentlichkeitstheorie eine besondere gesetzliche Ermächtigungsgrundlage wie z. B. § 10 I BauGB für den Erlass von baurechtlichen Satzungen.

Ebenso muss der Vorrang des Gesetzes beachtet werden, sodass eine kommunale Satzung nicht gegen höherrangiges Recht verstoßen darf.

In räumlicher Hinsicht dürfen Satzungen nur für das Gemeindegebiet erlassen werden. Satzungen wirken in personeller Hinsicht nicht nur gegen Einwohnerinnen und Einwohner, sondern ggf. auch Forensen oder juristische Personen, die sich in der Kommune aufhalten oder eine öffentliche Einrichtung benutzen. Sofern gesetzlich keine andere Regelung getroffen worden ist, gelten Satzungen zeitlich unbefristet.

Satzungen sind abstrakt-generelle Regelungen, die von einem selbstständigen Verwaltungsträger im Rahmen der vom Staat verliehenen Satzungsautonomie in einem dafür vorgeschriebenen Verfahren erlassen werden. Satzungen im eigenen Wirkungskreis basieren auf § 10 NKomVG und bedürfen keiner weiteren Ermächtigungsgrundlage. Dagegen muss der Kommune bei Satzungen im übertragenden Wirkungskreis durch eine besondere gesetzliche Ermächtigung dieses Recht zugestanden werden.

Satzungen sind zu unterscheiden in Pflichtsatzungen wie z. B. die Hauptsatzung gem. § 12 NKomVG, bedingte Pflichtsatzungen wie z. B. die Erschließungsbeitragssatzungen oder die Bebauungspläne und freiwillige Satzungen wie z. B. Benutzungsordnungen (z. B. Satzung über die Benutzung des Freibades oder der Bücherei) und bestimmte Abgabensatzungen (z. B. Kurbeitragssatzung).

Im Prüfungswesen gibt es zwei Möglichkeiten, bei denen sich die Prüflinge mit kommunalen Satzungen auseinander zu setzen haben:

1. Die Prüfung von Satzungsbeschlüssen

Im Gegensatz zu der Prüfung der Rechtmäßigkeit einer Satzung geht es bei der Prüfung von Satzungsbeschlüssen darum, zu prüfen, ob der Inhalt der Satzung mit den Regelungen des NKomVG im Einklang steht. So beschließt die Vertretung z. B. die Hauptsatzung zu ändern. In diesem Fall unterscheidet sich die Prüfung der formellen Rechtmäßigkeit der Beschlussfassung nicht von den bisherigen Beschlüssen. So ist auch hier die Prüfung anhand des Wortes „Vobvamös" vorzunehmen. Hinsichtlich der Prüfung der materiellen Rechtmäßigkeit ist zu prüfen, ob die Regelung in die Hauptsatzung aufgenommen werden darf.

Prüfungsaufbau

Einstieg über ein Einschreiten der Hauptverwaltungsbeamtin bzw. des Hauptverwaltungsbeamten oder der Kommunalaufsicht. In Betracht kommt ferner lediglich die Prüfung der formellen und materiellen Rechtmäßigkeit.

a) **Formelle Rechtmäßigkeit (Zustandekommen des Beschlusses)**
   - Verbandszuständigkeit
   - Organzuständigkeit
   - Beschlussfähigkeit
   - Vorbereitung
   - Abstimmung oder Wahl
   - Mitwirkungsverbot
   - Öffentlichkeit
   - Sonstiges

b) **Materielle Rechtmäßigkeit**
   - Formelle Voraussetzung (Satzungserfordernis, ggf. Begründungserfordernis)
   - Materielle Voraussetzung

     Prüfung der einzelnen Regelungen z. B.
   - Vereinbarkeit mit der Ermächtigungsgrundlage
   - kein Verstoß gegen höherrangiges Recht (u. a. Art. 3 GG)
   - abstrakt-generelle Regelungen
   - Bestimmtheitsgebot
   - Verhältnismäßigkeit
   - ggf. besondere Anforderungen

c) Ergebnis

> **Beispiel:**
>
> Die Vertretung beschließt in der Sitzung vom 02. 05. 2021 die Hauptsatzung insofern zu ergänzen, dass die Ladungsfrist für die Einberufung der Vertretung in Eilfällen bis auf zwei Tage verkürzt werden kann.

Nachdem die formelle Rechtmäßigkeit wie gewohnt dargestellt wird, ist nun die Regelung auf ihre materielle Rechtmäßigkeit zu prüfen.

Nach §§ 10, 12 NKomVG hat die Kommune eine Hauptsatzung zu erlassen. Nach § 59 I 2 NKomVG regelt jedoch die Geschäftsordnung der Vertretung die weiteren Einzelheiten der Einladung. Die Aufnahme der Regelung in der Hauptsatzung ist folglich materiell rechtswidrig. Inhaltlich wäre eine Verkürzung auf zwei Tagen bei Eilfällen hingegen rechtmäßig.

> **Beispiel:**
>
> Um die persönliche Qualifikation der Hauptverwaltungsbeamtin bzw. des Hauptverwaltungsbeamten sicherzustellen, erlässt die Kommune eine Regelung in der Hauptsatzung, dass sie bzw. er die durch Prüfung erworbene Befähigung zum höheren allgemeinen Verwaltungsdienst besitzen muss.

Da § 80 V NKomVG keine entsprechende Voraussetzung vorsieht, wäre eine Aufnahme einer persönlichen Qualifikation materiell rechtswidrig.

> **Beispiel:**
>
> Die von der Vertretung der Kommune in ihrer Sitzung vom 03. 05. 2021 beschlossene Änderung der Hauptsatzung sieht folgende Regelungen vor:
>
> – der Rat entscheidet über die Vergabe von Aufträgen, die im Einzelfall eine Höhe von 50.000,- Euro übersteigen.
>
> – allgemeine Vertreterin bzw. allgemeiner Vertreter ist die jeweilige Leiterin bzw. der jeweilige Leiter des Ratsamtes.
>
> – die Ratsvorsitzende bzw. der Ratsvorsitzende muss in der Kommune seit einem Jahr wohnhaft sein.

Im Rahmen der Prüfung der formellen Rechtmäßigkeit ist § 58 I 5 NKomVG bei der Organzuständigkeit und § 12 II NKomVG bei der Abstimmung zu berücksichtigen. Hinsichtlich der materiellen Rechtmäßigkeit ist anzusprechen, dass die Kommunen nach § 10 I NKomVG ihre Angelegenheiten durch Satzung regeln können. Nach § 12 I 2 NKomVG ist in der Hauptsatzung zu regeln, was dieser durch Rechtsvorschrift vorbehalten ist oder nach § 12 I 3 NKomVG für die Kommune wesentlich ist.

In der Hauptsatzung kann sich die Vertretung nach § 58 III 2 NKomVG für bestimmte Gruppen von Angelegenheiten die Beschlussfassung vorbehalten. Eine entsprechende Regelung für die Auftragsvergaben ist folglich möglich. Zu klären wäre hier lediglich, ob aufgrund der Größe der Kommune der Hauptausschuss für die Beschlussfassung über 50.000,- Euro im Rahmen seiner Lückenkompetenz bereits zuständig ist, da nur dann der Vorbehaltsbeschluss materiell rechtmäßig wäre.

Die allgemeine Vertretung ist eine wesentliche Frage der Kommune und darf daher in der Hauptsatzung geregelt werden. Inhaltlich darf die Vertretungsregelung jedoch nicht an eine Funktionsbezeichnung geknüpft werden, da die Hauptverwaltungsbeamtin bzw. der Hauptverwaltungsbeamte durch ihre bzw. seine Leitungsfunktion die konkrete Vertretung ohne Einbindung der Vertretung regeln könnte, insofern wäre die Beschlussfassung materiell rechtswidrig.

Die Stellung der bzw. des Ratsvorsitzenden und ihre bzw. seine Qualifikation sind für die Kommune wesentlich und können in der Hauptsatzung aufgenommen werden. Da die Vorsitzende bzw. der Vorsitzende aus dem Kreis der Abgeordneten gewählt wird, diese nach § 49 I 2 NKomVG jedoch lediglich seit drei Monaten in der Kommune ihren Wohnsitz haben müssen, ist die Regelung materiell rechtswidrig.

2. Die Prüfung der Rechtmäßigkeit einer Satzung

Da die Prüfung der Rechtmäßigkeit einer Satzung außerhalb des klassischen Prüfungsaufbau zu erfolgen hätte, wird der zu wählende Aufbau nur ergänzend aufgeführt.

a) **Ermächtigungsgrundlage (Spezialermächtigung oder Generalklausel des § 10 NKomVG)**

b) **Formelle Rechtmäßigkeit**
   - Zustandekommen des Satzungsbeschlusses
   - Ausfertigung der Satzung
   - Genehmigung der Aufsichtsbehörde
   - Öffentliche Bekanntmachung der Satzung

c) **Materielle Rechtmäßigkeit**
   - Vereinbarkeit der Regelungen mit der Ermächtigungsgrundlage
   - kein Verstoß gegen höherrangiges Recht
   - abstrakt generelle Regelung

- Bestimmtheitsgebot beachtet
- Verhältnismäßigkeit der getroffenen Regelungen
- Inkrafttreten der Satzung (einschließlich eventuell Beachtung des Rückwirkungsverbotes)

d) **Ergebnis**

I. Die praktische Prüfung der Verwaltungsfachangestellten

Im Rahmen der praktischen Prüfung erhält der Prüfling eine Aufgabenstellung ausgehändigt und muss sich anhand der beigefügten Unterlagen auf ein Prüfungsgespräch vorbereiten. So heißt es in der Regel in der Aufgabenstellung, dass der Prüfling Sachbearbeiter/in im Fachdienst Zentrale Dienste oder im Ratsamt ist und entweder ein Ratsmitglied oder ein Bürger um Sachinformationen in einem persönlichen Gespräch bittet. Zur Vorbereitung kann sich der Prüfling Notizen machen.

Die Bewertung der erbrachten Prüfungsleistung orientiert sich nicht ausschließlich nach der Fachlichkeit, vielmehr wird auch eine adressatenorientierte Darstellung und die Kommunikation und Kooperation in berufstypischen Situationen mitbewertet. Aufgrund dieser drei Bewertungsbereiche, die in der Wertigkeit gleichgesetzt sind, muss ein Prüfling folglich nicht nur über die notwendige Fachkompetenz verfügen, sondern auch über eine angemessene Sozialkompetenz und ein ausgeprägtes Kommunikationsverhalten. Auf der anderen Seite kann der Prüfling, dem die fachliche Durchdringung des Prüfungsstoffes nicht vollinhaltlich gelingt, auch ein gutes Prüfungsergebnis erreichen, wenn er in den anderen beiden Kompetenzbereichen überzeugt. Der nachfolgende Fall soll einen Eindruck über die wesentlichen Prüfungsbeobachtungen vermitteln:

„Der Tierfreund"

Der Prüfling erhält insgesamt drei Seiten. Auf der Seite 1 befindet sich die Aufgabenstellung mit den Bearbeiterhinweisen, auf der Seite 2 befindet sich das Anschreiben an den Oberbürgermeister, welches zur Bearbeitung dem Prüfling weitergeleitet worden ist, auf der Seite 3 sind Auszüge aus dem NKomVG über die §§ 10, 11, 41, 54 und 59 NKomVG abgedruckt.

Aufgabenstellung

Sie sind Sachbearbeiter/in im Ratsamt der Stadt Wolfsburg und betreuen den Sitzungsdienst. Gleich bekommen Sie Besuch vom Hundehalter Axel Nowak, der sich bei Ihnen über die letzte Ratssitzung informieren möchte. Erläutern Sie ihm seine Fragestellungen, die er Ihnen zuvor per Post zukommen hat lassen.

Bearbeitungshinweise

Die Stadt Wolfsburg hat 123.000 Einwohnerinnen und Einwohner am Bearbeitungstag.

Die Hauptsatzung der Stadt Wolfsburg bestimmt, dass die ortsübliche Bekanntmachung von öffentlichen Sitzungen des Rates spätestens drei Tage vor dem Sitzungstermin in den örtlichen Zeitungen „Wolfsburger Nachrichten" und „Wolfsburger Allgemeine" zu erfolgen hat.

Alle Sachverhaltsangaben sind zutreffend, nicht jedoch geäußerte Rechtsansichten.

Für die Bearbeitung der Prüfungsaufgabe stehen Ihnen 25 Minuten zur Verfügung.

Sie können sich Notizen machen, eine schriftliche Ausarbeitung ist nicht erforderlich.

Entscheiden Sie selbst, wie sie das Ergebnis darstellen. Gehen Sie dabei davon aus, dass Sie alle für die Erledigung der Aufgabe notwendigen Entscheidungen selbst treffen dürfen.

Axel Nowak, Porschestraße 1, 38440 Wolfsburg

An den
Oberbürgermeister

Wolfsburg, den 04. 05. 2021
eingegangen bei der Stadt Wolfsburg
am 05. 05. 2021

Porschestraße 49
38440 Wolfsburg

Erhöhung der Hundesteuer in der Ratssitzung vom 28. 04. 2021

Sehr geehrter Herr Oberbürgermeister,

mit Unverständnis musste ich in der Ratssitzung am 28. 04. 2021 erleben, dass die Verdopplung der Hundesteuer beschlossen worden ist. Gerade in Zeiten von Corona ist der Vierbeiner häufig die einzige Kontaktperson von vielen Menschen und nun werden sicher einige Hunde ausgesetzt werden, da sich die Halter das Tier nicht mehr leisten können. Unabhängig der politischen Ausrichtung muss ich jedoch auf folgende Fehler hinweisen, sodass ich Sie bitte, die Satzungsänderung nicht umzusetzen.

Zum einen war die öffentliche Bekanntmachung der Sitzung inklusive der Tagesordnung erst am 27. 04. 2021 in den beiden Wolfsburger Zeitungen. Wie ich am Rande der Sitzung von einem bekannten Politiker erfahren habe, hat die Stadt dies bewusst so gehandhabt, damit nicht ein Massenandrang in den Coronazeiten die Sitzung verhindert hätte. Sicherlich wären viele Hundebesitzer während der Sitzung vorstellig geworden, was nun nicht der Fall war.

Im Übrigen fand ich es befremdlich, dass auch mein Nachbar, Herr Bleitner, der auch Ratsherr der Stadt Wolfsburg ist, bei der Abstimmung mitwirken durfte, obwohl er selbst einen Hund hat. Insofern bestehen nicht nur politische, sondern auch rechtliche Bedenken gegen die Hundesteueränderungssatzung.

Mit freundlichen Grüßen

Axel Nowak

Auszug aus dem Niedersächsischen Kommunalverfassungsgesetz als Seite 3. Um den Prüfling auf die relevanten Normen hinzuweisen, ist von einem Abdruck der §§ 10, 11, 41, 54 und 59 NKomVG auszugehen.

In diesem Fall bieten sich folgende Prüferinformationen an:

Fachliche Beurteilung hinsichtlich der ortsüblichen Bekanntmachung

Beurteilt wird, ob der Prüfling das Arbeitsziel erfasst und dabei die Sachverhaltsangaben auswertet. Bei der Lösung hat er die wesentlichen Probleme zu erkennen und die zur Lösung erforderlichen Kenntnisse zu zeigen. Die Subsumtion erfolgt zutreffend und die Lösung wird entsprechend begründet.

Der Prüfling sollte erkennen, dass die ortsübliche Bekanntmachung im Sinne des § 59 V NKomVG Ausfluss aus dem Öffentlichkeitsprinzip ist. Insofern müssen Interessierte die Möglichkeit haben, an der Ratssitzung teilzunehmen. Hierfür ist nach der OVG-Rechtsprechung eine Veröffentlichung von zwei bis drei Tagen vor der Sitzung erforderlich. So sieht auch die Hauptsatzung der Stadt Wolfsburg eine Veröffentlichungsfrist von drei Tagen vor. Während die Ratssitzung am 28. 04. 2021 stattfand, erfolgte die Veröffentlichung erst am 27. 04. 2021 und damit einen Tag vor der Sitzung. Eine Fristberechnung nach §§ 187 ff. BGB analog kann unterbleiben, da die Frist offensichtlich nicht gewahrt ist. Die Nichteinhaltung der Frist führt nicht nur zur Rechtswidrigkeit, sondern aufgrund der Schwere der Verletzung gegen das Öffentlichkeitsgebot sogar zur Nichtigkeit der Beschlussfassung.

Fachliche Beurteilung hinsichtlich des Mitwirkungsverbots

Auch hier gilt es, das Arbeitsziel zu erfassen und die Sachverhaltsangaben auszuschöpfen. Die wesentlichen Probleme sind unter Aufzeigen der erforderlichen Kenntnisse zu lösen. Anhand der Rechtsgrundlage hat eine zutreffende Subsumtion zu erfolgen und das Ergebnis ist zu begründen.

Auf Ratsherrn Bleitner sind gem. § 54 III NKomVG die Regeln des Mitwirkungsverbots gem. § 41 NKomVG anzuwenden. Der persönliche Anwendungsbereich ist eröffnet, da Ratsherr Bleitner als Hundehalter selbst betroffen ist. Für das Vorliegen des sachlichen Anwendungsbereiches müsste Ratsherrn Bleitner aufgrund der Entscheidung die Möglichkeit eines unmittelbaren Vor- und Nachteils erwachsen. Vorliegend kommt nur ein Nachteil in Betracht. Ein Nachteil ist jede wirtschaftliche, soziale oder rechtliche Verschlechterung seiner Vermögensposition. Da er künftig mehr Hundesteuer bezahlen müsste, erleidet er eine Verschlechterung seiner Rechtsposition. Dieser Nachteil ergibt sich auch unmittelbar aus der Entscheidung nach § 41 I 2 NKomVG, da die Satzung nur noch bekannt gemacht werden müsste.

Vorliegend greift jedoch sowohl die Ausnahme des § 41 III 1 NKomVG, da es sich bei der Änderung der Hundesteuersatzung um die Entscheidung über eine Rechtsnorm handelt. Ebenso greift die Ausnahme nach § 41 I 3 NKomVG, da er lediglich als Angehöriger einer Bevölkerungsgruppe (Hundebesitzer) betroffen ist. Folglich unterliegt Ratsherr Bleitner nicht dem Mitwirkungsverbot. Insofern muss nicht zwingend auf die Mitteilungspflicht des § 41 IV 3 NKomVG eingegangen werden.

Adressatenorientierte Darstellung, Kommunikation

An dieser Stelle wird von den Prüferinnen und Prüfern bewertet, ob der Prüfling situationsangemessen und adressatengerecht auftritt. Der Prüfling sollte zwar Verständnis für die Situation aufbringen, jedoch nicht die politische Beschlussfassung der Erhöhung diskutieren. Der Prüfling soll lediglich als neutrale Person über die rechtlichen Modalitäten informieren.

Bei der vom Prüfling angebotenen Lösung ist zu bewerten, ob er seine Gedanken geordnet und gegliedert darlegt. Der Besucher kann erwarten, dass er umfassend zu allen Punkten informiert wird. Der Prüfling sollte dabei verständliche Begriffe gebrauchen und Fachbegriffe des Kommunalrechts erklären. Als hilfreich werden speziell gezogene Beispiele, Vergleiche und Bilder angesehen.

Kommunikation und Kooperation in berufstypischen Stationen, Verhandlungsgeschick, Durchsetzungsfähigkeit

Bewertet wird unter dieser Rubrik, ob der Prüfling das Gespräch offen und zielorientiert führt. Es bietet sich an, zu Beginn des Gesprächs noch einmal die Inhalte des Schreibens von Herrn Nowak zusammenzufassen und nach entsprechender Rückmeldung, dass der Prüfling das Schreiben zutreffend verstanden hat, die beiden Rechtsprobleme nacheinander zu prüfen. Der Prüfling sollte mit Zwischenergebnissen arbeiten und Herrn Nowak Gelegenheit der Stellungnahme geben.

Der Prüfling soll die eigene Position angemessen und selbstbewusst vertreten und dabei zeigen, dass er die Führung des Gesprächs innehat. Er soll akzeptable Lösungen entwickeln und sich mit Gegenargumenten und Kritik sachlich auseinandersetzen. Auch in kritischen Situationen soll er sachlich und zielorientiert handeln.

Im Anschluss an die Prüfung werden die Prüferinnen und Prüfer die drei einzelnen Bewertungsfelder getrennt voneinander bewerten und erst dann zu einer Gesamtnote kommen. Insofern erfordert eine gelungene Prüfung nicht nur Fachkenntnisse, sondern auch ein angemessenes Kommunikationsverhalten.